不失控

别让坏情绪左右你

黄建兵　编著

中国纺织出版社

内 容 提 要

在现代社会中，人们的生活和工作压力都很大，人与人之间的交往也日渐频繁，难免会导致情绪波动不安。要想拥有平静淡然的人生，我们必须从自己的内心出发，主宰自己，从而才能把控人生。

本书以心理学知识为基础，从多个角度为读者朋友们进行剖析和判断，引导读者朋友们以正确的方式方法面对人生中的不如意和种种烦恼，从而成为心境淡然的真正强者。

图书在版编目（CIP）数据

不失控：别让坏情绪左右你 / 黄建兵编著 . —北京：中国纺织出版社，2017.11（2024.4 重印）
ISBN 978-7-5180-3957-9

Ⅰ.①不…　Ⅱ.①黄…　Ⅲ.①情绪—自我控制—通俗读物　Ⅳ.① B842.6-49

中国版本图书馆 CIP 数据核字（2017）第 204781 号

策划编辑：闫　星　　特约编辑：李　扬　　责任印制：储志伟

中国纺织出版社出版发行
地址：北京市朝阳区百子湾东里 A407 号楼　邮政编码：100124
销售电话：010—67004422　传真：010—87155801
http://www.c-textilep. com
E-mail:faxing@c-textilep. com
中国纺织出版社天猫旗舰店
官方微博 http://weibo.com/2119887771
德富泰（唐山）印务有限公司印刷　各地新华书店经销
2017 年 11 月第 1 版　2024 年 4 月第 6 次印刷
开本：710 × 1000　1/16　印张：15
字数：191 千字　定价：36.80 元

前言

现实生活中，每个人都有自己的烦恼，或者为已经逝去的昨天感到懊丧，或者为还未到来的明天感到担忧，唯独忘记了人生的昨天、今天和明天中，我们真正能够把握的只有今天。

人生就是由无数个今天组成的，昨天已经成为无法改变的历史，明天还在遥远的、没有到来的未来，唯有今天才真正握在我们的手掌心，能够帮助我们改变一切。当我们把握住今天，也就把握住了人生。所以朋友们，不要再为昨天或者明天而烦忧，你唯一能做的就是把握今天，让今天变得更加精彩而又充实。

现代社会，各种压力蜂拥而至，越来越多的人变得脾气暴躁，这也直接导致各种负能量越来越多，“路怒症”患者、抑郁患者与日俱增，甚至还有人因为心理极度不平衡，伤害身边的人或无辜的人。

实际上，很多时候我们发脾气时口无遮拦，除了能一时之间发泄怒气之外，对于生活毫无积极意义和影响。真正明智的人，会努力控制自身的坏情绪，保持一种不失控的状态，更积极主动地面对人生，与人维持和谐友好的关系。

曾经有位名人说，生气是用别人的错误惩罚自己。的确如此，很多时候，我们生活在愤怒中，一味地用坏情绪惩罚自己，却无法对他人产生任何作用。

所以聪明者不会无缘无故地生气，更不会因为那些不值一提的小事情生气。记住，任何情况下，我们只有保持冷静理智，只有情绪不失控，才能圆满解决问题。

通常情况下，一个人是否拥有良好的情绪，对于人生有着重要的影响。要想拥有幸福人生，我们就必须拥有好心态；要想拥有好心态，我们就必须拥有好情绪。因此你想拥有怎样的人生，很多时候取决于你拥有怎样的情绪。细心的朋友们会发现，大多数成功者都是智商与情商都很高的人，他们一声呼应，应者云集，这主要是因为他们始终保持了好的情绪，而好的情绪让他们充满了正能量，所以他们才能形成正能量的强大气场，吸引更多的人追随他们，始终环绕在他们身边。

人是情感动物，也很容易情绪波动。我们必须调整好自己的心态，努力控制自身的情绪和脾气。别让坏情绪左右你，你才能成为自己的主人，才有可能主宰人生，收获成功的人生。

编著者

目录

第01章　正确认识坏情绪——坏情绪是幸福生活的蛀虫……001

远离负面情绪，尽情享受生活……002

歇斯底里的你，无法解决任何难题……004

叛逆心理，人们保持头脑清醒的障碍……007

逃避问题，并不能真正解决问题……009

怒气冲冲，只会使人头昏脑胀……012

保持理智，才能与负面情绪说拜拜……015

第02章　坏情绪毁人不倦——冲动是魔鬼，别被坏情绪左右了……019

坏脾气，使人离成功越来越远……020

自私高傲，比坏脾气更可怕……022

淡定平和，才能真正获得幸福人生……025

淡定平和的人生，才能云淡风轻……027

人，最大的敌人就是自己……029

坏脾气，导致事与愿违……031

坏情绪，会使好人也失去好人缘……034

第03章　努力控制坏情绪——赶走怒气，才能做更好的自己 …… 037

坏情绪除了使事情更糟糕，别无他用 …… 038
怒气使人的智商瞬间下降 …… 041
赶走怒气，才能微笑着度过每一天 …… 044
幽默既能愉悦他人，也能快乐自己 …… 047
受欢迎的人从不固执己见 …… 049

第04章　智者不做愚蠢事——赶走负面情绪，让心空挂起彩虹 …… 053

生活不尽如人意，阿Q精神更快乐 …… 054
漫步雨中，也是别样的浪漫 …… 056
智慧的人，从来不会被气愤冲昏头脑 …… 058
掐断愤怒的导火索，愤怒才能彻底消除 …… 061
世界并不缺少快乐，只是缺少发现快乐的眼睛 …… 063
生气，是用别人的错误惩罚自己 …… 065
清除成功路上的负面情绪 …… 067

第05章　学会倾吐“闷气”——赶走心中的雾霾，让快乐常在 …… 071

分享忧愁，忧愁就会一分为二 …… 072
不生闷气，让自己时刻保持好心情 …… 075
快乐生活，远离郁郁寡欢 …… 078
自我解嘲，也是幽默的好方式 …… 080
做自己喜欢做的事情，让闷气一消而散 …… 082

第06章　不随便乱发脾气——多忍让，好情绪让人生豁然开朗 …… 087

忍让，是人际交往中的美好品质 …… 088

一时的忍耐，也许能够换来长久的安乐 …… 090
忍让，也是聪明的人常常采取的策略 …… 092
忍让不能无休无止无限度 …… 094
忍让的人生，也许会有更大的舞台 …… 097
忍让并非懦弱，而是更大的气度 …… 099
塞翁失马，焉知非福 …… 102

第07章 不因得失生怒气——减少欲望，简单的人生更美好 …… 105

心自由，人生才能自由 …… 106
接纳自己的不完美 …… 108
得失并非绝对的 …… 111
金无足赤，人无完人 …… 113
成为欲望的主宰，掌控人生 …… 116
学会张弛有度地生活 …… 119
人生，有很多时候都是弯道 …… 121

第08章 释放坏情绪——让身心愉悦舒缓，不要情绪垃圾 …… 125

学会跳脱出世，才能看到更多的事情 …… 126
学会忘记，不要被过去囚禁 …… 128
清除心理垃圾，快乐生活 …… 130
假装高兴，就会真的高兴 …… 133
不要为无法改变的历史懊恼 …… 135
路见不平一声吼啊 …… 138
抛开情绪包袱，人生路上轻松上阵 …… 140

第09章　再愤怒也不能失控——别让愤怒的魔鬼控制你 …… 143

愤怒是魔鬼，使我们瞬间变了一个人 …… 144

愤怒，无法帮助你主宰他人 …… 146

提前排查愤怒的导火索，让一切更从容 …… 148

三思而后行，才能谨言慎行 …… 150

发怒是最糟糕的解决方法 …… 152

第10章　适当发泄很重要——小心警惕你的烦躁情绪 …… 155

静心，才能控制自己的烦躁情绪 …… 156

急于求成，只会导致事与愿违 …… 158

镇定自若，才能坦然面对一切突发情况 …… 160

清空糟糕情绪，坦然面对人生 …… 162

转移注意力，能够有效缓解焦虑 …… 164

第11章　不要太过苛求自己——排出焦虑这种精神毒素 …… 167

过分自卑，使人心神不宁 …… 168

杞人忧天，与未雨绸缪截然不同 …… 170

你无法使所有人满意 …… 173

宽恕自己，也宽容他人 …… 175

瑕疵，使人生更加美丽动人 …… 177

第12章　别陷入抑郁的泥沼里——寻找解开你心锁的钥匙 …… 181

远离抑郁，让快乐始终伴随自己 …… 182

有的时候，你需要一个借口 …… 184

倾诉，使你不再郁郁寡欢 …… 186

哭泣，并不意味着软弱怯懦 …… 188
良好的心态，才能帮助我们苦中作乐 …… 190

第13章 忍得住的人生不后悔——让爱捣蛋的负面能量乖下来 …… 193

负能量给每个人都带来伤害 …… 194
面对负能量，怎么做才能淡定从容 …… 196
每个人都有软肋，你也不例外 …… 198
人生的选择必须正确明智 …… 200
那些帮助你打圆场继续忍耐的话语话术 …… 202

第14章 学会对自己微笑——微笑，是对坏情绪最好的回击 …… 205

微笑，是自处以及与他人相处的最好武器 …… 206
你的心若美好，你的生活就美好 …… 208
积极的心理暗示帮助你赶走坏心情 …… 210
让愤怒转化为源源不断的动力 …… 212
坦然面对如同白开水一般的生活 …… 214

第15章 我的心情我做主——保持好心情，让我们的人生快乐多一点 …… 217

主宰情绪，也就战胜了自己 …… 218
愤怒是魔鬼，使人与快乐幸福绝缘 …… 220
良好的情绪，使你拥有好运气 …… 223
勤快的人儿，更容易获得好情绪 …… 225
靓丽时装，给你好心情 …… 227

参考文献 …… 229

第01章

正确认识坏情绪——坏情绪是幸福生活的蛀虫

人是情感的动物，心理活动非常复杂，因而也很容易受到情绪的影响。在生活中，积极乐观的情绪能够帮助我们获得幸福快乐，消极郁闷的情绪则如同蛀虫，侵蚀我们的内心，使我们的生活远离幸福。在这种情况下，我们必须积极对待情绪问题，只有调整好自己的心态，才能摆脱负面情绪对生活的不良影响，真正享受生活，拥抱幸福快乐的人生。

远离负面情绪，尽情享受生活

通常情况下，人们认为健康的身体是美好生活的基础，而愉悦的心情则是幸福生活的血脉。任何人，如果没有积极快乐的情绪，而是被负面情绪紧紧包裹，则一定会远离幸福，导致人生被负面情绪绑架。

然而，人生总不会是一帆风顺的，命运常常非常调皮，会捉弄我们，甚至还会反复无常，导致我们哭笑不得，无法得到善待。在这种情况下，如果我们因为一时的失意就陷入懊恼和怨恨之中，我们的人生就会黯然失色。而且，人生短暂，如同白驹过隙。这个世界上根本没有后悔药可卖，一切沮丧绝望、懊悔不已的情绪都将会于事无补。而且，我们也会因此失去对自身的把握，导致人生更加灰暗。从这个角度而言，我们没有必要因为自己曾经的过错念念不忘，也不必因为人生的一时失意痛苦不堪。记住，人生一切的历练都是为了使我们的明天更加美好，而且人生中的所有经历，不管是悲哀的还是欢喜的，最终都会成为最宝贵的经验和财富。所谓不经历无以为经验，哪怕我们读万卷书，行万里路，最终也必然要亲身经历，才能使人生的经验越来越丰富。

很久以前，有个人拎着油瓶行走在路上，不小心被一块高高凸起的石头绊倒了，油瓶也碎掉了，油全都流出来了。这个人却站起来，径直朝前走去。这时，路人看到他的表现，大声冲着他喊道："喂，你的油瓶碎了，油全都洒

了。”他依然没有回头，还是接着朝前走。路人见状很费解，因而特意赶到他的身边，问：“你的油都洒了，你怎么无动于衷呢？”他不以为然地说：“既然油已经洒了，我也没办法啊，我不能把油再次复原。既然如此，天马上就黑了，我必须赶紧回家啊！”乍一听到这个故事，的确使人觉得很费解。因为大多数人不小心摔坏了东西，一定会感到懊悔沮丧，还会停留下来进行无所谓的感慨。实际上，故事中这个人的行为完全是明智的，的确，他无法把油复原，而且油确实已经洒了，无论他多么懊悔沮丧，都无法使事情得以恢复。既然如此，何必为了一瓶已经洒了的油感到悲伤呢！遗憾的是，生活中有很多人都不明白这个道理，更做不到如此洒脱。

有一次，一位老师为学生们上实验课。他拿着一瓶牛奶走上讲台，突然之间把牛奶倒入实验室的水槽中。学生们全都费解地看着老师，老师沉默片刻，才意味深长地学生们说：“同学们，牛奶已经流入下水道里。我只想告诉你们，既然牛奶已经流光了，无论你们如何懊悔，都无法使牛奶失而复得。因此，对于任何人而言，最重要的是想方设法避免牛奶被打翻。而一旦牛奶被打翻了，就不要为已经打翻的牛奶而哭泣。做好以后的事情才是最重要的。”老师以一杯打翻的牛奶告诉了同学们一个深刻的道理：永远不要为打翻的牛奶而哭泣。在这个世界上，我们通过努力的确可以改变很多事情，但每个人都不能改变时间和已经发生的事情。我们可以为即将发生的事情做好准备，从而帮助自己赢得最美好的未来，但是很多事情一旦变成过去式，就再也无法改变。明白了这个道理，我们才能做到不为已经发生的事情懊丧，也能够积极调整自身的情绪，以更好的状态投入生活之中。

人生在世，很多事情都是人力所无法控制的。我们唯有尽心尽力，做好自己能做的一切，才能顺其自然，坦然接受命运的安排。当然，因为人是情感动物，所以每个人都难免因为各种意外的事情或者不如意，导致情绪产生波动，心情受到影响，这也是人之常情。除了从心理上对自己进行调节之外，还可以采取其他的方式帮助自己舒缓情绪，变得积极乐观。朋友们，最重要的是要有一颗快乐向上的心哦！

情绪启示

1. 运动能够很好地舒缓压力，尤其是诸如游泳、滑冰等全身运动，不但能够帮助人们增强体质，更可以帮助人们消除压力，恢复良好的情绪。

2. 人们常说“心静自然凉”，不管天气多么炎热，只要内心清净，就会感到清凉。尽管这有些唯心主义，但是从心理学的角度而言，也告诉我们平静的心态对我们的心绪将会产生很大的影响。因此，我们可以经常静坐，静心冥想，这样就能做到心怀宽大、心胸开阔。

3. 当内心感到劳累的时候，为了使内心得到休息，让身体劳累是很好的方法。适当地流汗可以帮助人们缓解内心的焦虑不安，诸如健走或者是进行各种伸展运动，使内心与身体一起得到舒展。

4. 很多人在心情不好的时候喜欢整理东西。的确，当内心凌乱不堪时，把周围的环境整理得秩序井然，可以让我们的内心随之变得更加整齐，井井有条。因而，心绪杂乱的时候，既可以整理办公桌，也可以收拾自己的房间，还可以对全家进行大扫除。这样不但能够及时转移注意力，也可以让我们的内心充满正能量。

歇斯底里的你，无法解决任何难题

现实生活中，每个人都难免产生负面情绪，诸如悲伤、怨恨、愤怒、恐惧

等，都会给人带来不愉快的感受。尤其是在遭遇不如意或者是意外的时候，我们很容易陷入负面情绪之中，导致身心健康受到影响，也使我们的生活和工作都变得不愉快。普通的负面情绪尚且还好，倘若人们因为沉重的打击或者突然的变故，导致情绪变得越来越激动急躁，最终陷入歇斯底里之中，则一定会使我们的生活更加糟糕，也会使一切事情都变得无法面对和从容应对。

曾经有心理学家经过研究证实，人们愤怒的情绪会导致人体产生毒素。当然，自古以来被气死的人时常能够见到，虽然他们未必是因为愤怒产生的毒素而死，但是他们的死亡与因为激动不安导致的身体应激反应之间，有着必然的联系。假如人总是陷入负面情绪之中，无法自控，就会导致生活和工作都失去秩序，最终人们也会因此更加疯狂和焦躁。

和极少数人的波澜不惊相比，有极少部分的人的情绪很容易大起大落，也许前一分钟还非常高兴，后一分钟就会因为不值一提的小事情导致情绪突然变化。人们常常用“三月的天小孩的脸”来形容天气，殊不知这些人的情绪更加复杂多变，无法捉摸。然而，生活归根结底不会一帆风顺，人们常常因为某些事情导致情绪变化。需要注意的是，为了自己的身体健康，为了与他人更加和谐友好地相处，我们必须调整好自己的心态，努力控制自己的情绪，从而避免成为情绪的奴隶，导致自身歇斯底里。

要知道，任何情绪都无法直接解决问题，良好的情绪和愉悦的心情也许对于我们解决难题有益，但是紧张恶劣的情绪和糟糕的心情只会使事情越来越糟糕。更有心理学家曾说，愤怒会降低人的智商。在这种情况下，我们与其白白浪费时间愤怒，不如心平气和，积极地想办法解决问题。东汉末年，汉寿亭侯关羽是个骁勇善战的英雄，不但过五关斩六将，而且单刀赴会，水淹七军，表现出气镇山河的英雄气概。然而，他的性格很偏激，这直接导致他人缘欠佳，在深陷绝境的时候孤立无援，因而最终衰败，结束了英雄的一生。现代社会，虽然没有人会重复关羽的命运，但是有很多人都和关羽一样因为一遇到事情就意气用事，歇斯底里，导致无法客观全面地看待问题，也无法冷静理智地解决问题，最终众叛亲离，孤立无援。

从心理学的角度来说，假如在性格和情绪上过于偏激，就是一种心理性的疾病。大多数这样的人都孤陋寡闻，缺乏开放的意识和心态，因而更加主观武断。在这种情况下，要想缓解心理症状，改善歇斯底里，就必须扩充自己的知识，增强社会经验，以宽容豁达的心态融入社会。唯有如此，才能避免“一叶障目，不见泰山”的偏激。

尤其是现代社会，很多人都承受着巨大的生存和生活压力，这也直接导致很多恶性事件的发生。2017年4月，河北石家庄的一个年仅29岁的母亲，从十一层楼扔下年仅4岁的女儿，随后自己也跳楼，母女双双身亡。到底是怎样的暴怒和冲动才让这个母亲带着最心爱的孩子走上了不归路，虽然其中的隐情无人知晓，但是这份死亡承载着的伤痛却被所有人看在眼里。最终的结果只是，亲者痛，仇者快，使人不胜感慨唏嘘。

情绪启示

1. 辩证唯物主义的观点告诉我们，任何事情都有两面性，我们必须学会冷静客观地分析问题，看到事情的正面与反面，才能更加清醒理智地面对问题，让自己保持冷静的情绪，找到合适的方法解决问题。

2. 如果一个人在与他人相处的时候，总是先入为主地把他人想得太坏，对他人带有偏见，那么不管他人怎么说怎么做，都无法赢得这个人的好感。随之而来的是，这个人也必然陷入对他人的恶意揣测之中，导致自己痛苦不堪。

3. 众所周知，相互尊重是人们交往的基础，在与他人交往时，我们一定要有礼貌，谦和有礼才能与他人建立友善的关系。

4. 生活中，有很多食物都有舒缓压力的作用。除了从心理上控制情绪之外，我们还可以多多食用能够缓解压力的食物，这样一来，我们自然能够心情愉悦、心平气和。

叛逆心理，人们保持头脑清醒的障碍

宙斯创造的第一个女人就是潘多拉。宙斯之所以创造潘多拉，就是因为普罗米修斯总是非常关心人类，导致宙斯特别生气，因而发誓要报复人类。宙斯先是让火神黑菲斯塔斯用水与土的混合物做出一个女人，再让爱与美之神阿芙罗黛提赋予这个女人能够使男人神魂颠倒的美貌，最后又让女神雅典娜成为女人的老师，教会女人织布，使女人拥有非常绚丽多彩的漂亮衣服穿。做完这一切之后，宙斯命令使神汉密斯赋予女人以狡猾、欺骗、无赖等恶劣的品质。这样，世界上的第一个人女人就诞生了。

在汉密斯的建议下，众神一致同意为这个女人取名“潘多拉”，意思是众神赐予人类的礼物。后来，普罗米修斯和他的弟弟伊皮米修斯鼎力协助宙斯，帮助宙斯登上诸神之首的宝座。宙斯很清楚普罗米修斯不会接受他的礼物，因而就把潘多拉赠送给伊皮米修斯。伊皮米修斯果然接受了潘多拉，在与潘多拉结婚时，宙斯准备了一个盒子，让众神都把贺礼放在盒子里。

作为伊皮米修斯的哥哥，普罗米修斯很久以前就告诫伊皮米修斯不要接受宙斯赠送的女人。伊皮米修斯与潘多拉结婚不久，果然心生懊悔。宙斯下令把他与潘多拉所生的七个儿子用盒子封印起来，并且为其取名“潘多拉之盒”。潘多拉为此非常生气，偷偷打开盒子，把贪婪、杀戮、恐惧、痛苦、疾病、欲望六个儿子放到了人间，导致人间变得乌烟瘴气。然而，潘多拉的第七个儿子叫希望，所以人们并没有因此绝望，因为还有希望在呢！

在西方国家，潘多拉的魔盒是个流传已久的故事。潘多拉因为叛逆心理，不甘心接受宙斯的处罚，偷偷打开盒子，才导致人间灾祸横行。当然，从潘多拉的心理进行分析，她的举动完全无可厚非。人天生就有叛逆心理，人们因为叛逆心理做出各种事情，也是情有可原的。尤其是在孩子成长的过程中，处于青春期的孩子总是非常叛逆。他们明明不想与父母对着干，因为叛逆心理的影响，哪怕认为父母说的是对的，也会毫不犹豫地与父母针锋相对。当然，这种逆反心理并不因为青春期的消失而消失，人总是有逆反心理，只不过表现的强烈程度不一致而已。如果人们能够深入透彻地了解逆反心理，并且运用他人的逆反心理达到自己的目的，那么很多棘手的难题就会迎刃而解。

18世纪时，法国大名鼎鼎的农学家安瑞·帕尔曼在了解了美洲的土豆后，计划将其引入法国，却没想到几乎所有法国人都反对他的决定。为了帮助民众顺利接受土豆，他绞尽脑汁，最终想出了一个特别好的主意。在得到国王的批准后，他把大量土豆种植在一块空地上，随后，他还要求国王每个白天都派出重兵把守这块土地。到了夜晚，他让国王撤掉兵力，不再看守土豆的种植地。正是在这种故弄玄虚的做法下，法国民众对于土豆有一种越来越无法抑制的好奇，最终，他们居然在夜深人静的时候，趁着看守的士兵不在，开始偷窃土豆。他们把土豆移植到自己家的菜园里，对土豆的栽培特别用心。最终，几乎每家每户都开始种植土豆，土豆也顺理成章地走入了所有法国民众的心里，成为了法国民众餐桌上一道常见的美食。

因为叛逆心理，原本反对安瑞·帕尔曼引入美洲土豆的法国民众，最终心甘情愿地接受了土豆，并且开始种植土豆、食用土豆。这就是安瑞·帕尔曼的高明之处，他很善于利用人们的逆反心理，所以才能如愿以偿地实现自己的目的。从这个角度来看，虽然我们可以利用逆反心理帮助自己达成心愿，但也要注意保持冷静和理智，从而不因为逆反心理中了他人的阴谋诡计。总而言之，任何情况下，我们唯有保持理智和清醒，才能圆满地解决问题。

情绪启示

1. 逆反心理强的人往往自尊心也特别强，为了保护自己的自尊，他们往往会故意与他人对着干。为了减轻他们的逆反心理，我们应该最大限度地尊重他们，维护他们的尊严，这样才不会激起他们的逆反心理。

2. 在有人试图利用我们的逆反心理对我们开展激将法时，要想让别人的希望落空，我们就应该让自己保持冷静理智。任何时候，利令智昏或者急不可耐，都会导致事情更加棘手。唯有从容淡定，才能使事情得到更好的解决。

3. 对于有逆反心理的人，我们可以多多听取他们的意见，这样他们才会认为决策是自己做出的，所谓的逆反心理也会随之消失。

4. 从心理学的角度而言，逆反心理也是一种心理情绪，要想合理控制自身的逆反心理，做到对任何事情都理智面对，就要学会适当控制自己的情绪，避免因为情绪激动做出让自己追悔莫及的事情。

逃避问题，并不能真正解决问题

在人生的漫长旅程中，每个人都会遇到诸多难题，这些难题或者是可以预见的，或者是毫无征兆突然发生的。毫无疑问，对于能够预见的难题，我们尚且可以采取一定的方式方法进行预防，或者提前想办法解决。但那些毫无征兆突然发生的难题，则往往使人不知所措。在这种情况下，有些朋友会选择逃避问题，总觉得只要避免正视问题的存在，就能降低问题的难度，甚至是使问题消失。殊不知，这种做法根本不能解决问题，而且逃避也是暂时的。归根结底，我们必须正面面对一切问题，直到彻底解决问题。短暂的逃避除了自欺欺人之外，毫无用处。面对问题，与其逃避，不如鼓起勇气努力解决难题，这样才能使一切难题都迎刃而解。

人的思维是特别复杂的，很多时候，我们对于非常简单的事情都绕不过来弯子，也有很多时候，我们对于那些复杂的难题却能一点即通。归根结底，思维的发展缓慢局限了人们的不断进步。例如，人们早在公元前2000年就发明了冰淇淋，倒是足足过去了3900年，蛋卷冰淇淋才正式问世。例如，地球上有史以来就有供给人们肉类的动物，而且在公元前2600年前，人们就已经掌握了烤制面包的技巧。然而，足足过去4000多年，世界上才有了把肉类与面包综合起来食用的“三明治”。不得不说，人类的智慧是非常伟大的，但是往往也存在巨大的局限性。

现代社会发展速度非常快，但是依然有很多事情被人们孤立看待，导致做事情的效率非常低。倘若人们能够打开思维，按照发散性思维的惯例，把那些事情综合起来作为整体进行考虑，就能够起到事半功倍的作用。不得不说，人的思维还有巨大的发展空间，也是值得人们用心思考和不断探索的。

在现代职场上，很多大学毕业生刚刚毕业，知识就处于落伍的状态，因而进入工作单位后不但要积累工作经验，也要提升自己的工作技能，从而导致压力倍增。还有一些经验丰富的老职员，因为知识更新换代的速度很快，所以必须不断学习，不断充实自己。在这种情况下，他们在工作上也必然面临更多的挑战。当然，逃避必然不能解决问题，唯有采取积极主动的态度，正面面对问题，积极解决问题，才能获得圆满的结果。

职场中也不乏“当一天和尚撞一天钟”的职员。他们为了保住饭碗，总是疲于应付上司的安排和命令。对于工作，他们完全抱着敷衍了事的心态，因而

根本不可能有所作为，也不可能有所成就。他们自以为已经圆满完成了工作，实际上他们对待工作总是抱着得过且过的态度，毫无新意，更没有创意。殊不知，上司的眼睛也是雪亮的。对于积极工作的员工，他们会看到成绩，对于混日子的员工，他们也会看到弊端。从本质上来说，工作既不是消极怠工，也不是敷衍了事，而是解决形形色色的问题。如果一个员工在工作上没有任何问题，那也就意味着他毫无进步。只有不断面对问题和解决问题的员工，才能获得飞速的成长，才能不断进步和进取。要知道，每一个问题都是一位老师，每当你解决一个问题，你也就超越了一位老师，因而能够进行自我提升和完善。

细心的人会发现，在职场上，最优秀的员工往往最积极开动脑筋，最善于发现问题，也最擅长解决问题。他们不但主动地解决问题，而且会积极地发现问题，他们知道唯有踩着问题的阶梯，人生才能不断进步，才能越来越接近成功。

曾经闻名中国的烟草大王褚时健一手壮大了玉溪卷烟厂，使其从一个默默无闻、濒临倒闭的小厂子，发展成为举世闻名的烟草帝国。1999年，72岁的他因为经济问题锒铛入狱，直到2002年才得以保外就医。这个已经75岁的老人绝不服输，承包了荒山，开始种橙子。光阴荏苒，在8年之后，他创立了云冠牌冰糖橙，以83岁高龄再次成就了人生的奇迹。没有人知道他在这8年中吃了多少苦，更没有人知道他是如何一步一步在荒山野岭上走到今天的。只有他自己知道，在这8年的时间里，他多少次面对问题，多少次绞尽脑汁、想方设法地解决问题。直到成为橙子专家，他面对的问题依然接踵不断。他很清楚，正是这些接连暴露的或大或小的问题，才成就了今天的他。

朋友们，人生路漫漫，总是有无数个问题等待着我们去解决。戒骄戒躁，把解决问题当成是提升自己的最好方式吧，你一定会发现你的收获变得更多，你的成长也更加迅速。

情绪启示

1. 面对人生中接连不断的问题，我们首先应该意识到人生的本质就是解决一个又一个问题。当把这些问题看成是人生必然的经历，我们也就能够坦然面对问题，从容迎接人生。

2. 坚强是人生的脊梁。面对人生的重重磨难，我们唯有坚强，才能成功地战胜困难，接受磨难，让自己凤凰涅槃，赢得人生的无数次挑战。正如海明威笔下的《老人与海》中桑迪亚哥老人所说的，一个人尽可以被打倒，就是不会被打败。

3. 以坦然之心面对生活。毋庸置疑，面对生活中的诸多问题，解决的结果未必每次都是好的。当问题的解决不尽如人意时，我们应该既要坦然面对人生，也要从容应对人生。

怒气冲冲，只会使人头昏脑胀

每个人面对生活时，都不愿意愤怒。然而，每个人在面对生活的不如意和诸多意外时，又难免会感到愤怒。作为人们最厌恶的情绪之一，愤怒总是给我们的生活带来很多负面影响，也会无端消耗我们的幸福快乐，使我们郁郁寡欢。心理学家经过研究证实，人在愤怒时不但智商降低，而且身体会产生毒素。自古以来，不少人都被气死，也间接说明了愤怒对于人体的恶劣影响。

现代社会中，每个人每天都要承受巨大的压力，不但要处理好生活和工作，而且还要与他人搞好关系。如果不能适度控制自身的情绪，导致自己因为愤怒与他人之间关系紧张，可谓得不偿失。尽管每个人都想要远离愤怒，但是愤怒与我们如影随形。尤其是对于脾气暴躁的朋友们而言，常常因为芝麻大的小事情就陷入愤怒之中无法自拔，不但伤害自己，也伤害他人，甚至有可能导致自己的人生拐弯。其实，愤怒改变不了任何事情。如果你很贫穷，愤怒只会使你利令智昏，导致事情更加糟糕，甚至使你更加贫穷；如果你急于找到人生的机遇，那么因为愤怒白白浪费时间的你甚至会与好机会失之交臂，导致追悔莫及。既然愤怒不但对我们的成功无益，而且会导致我们远离成功，我们为何还要愤怒呢？如此损人不利己的事情，最好少干为益。

然而，人是情感动物，每个人都有自己的脾气秉性，也难免因为外界的很多事情导致情绪波动，这也就注定了我们一生之中都要与愤怒打交道。既然我们无法彻底杜绝愤怒，那么我们最好学会与愤怒和谐共处。

从心理学的角度而言，愤怒的情绪是人生的毒瘤，对于人的心理和生理健康都极具危害性。虽然愤怒不会使大多数人立即致命，但是它如同病毒一样吞噬人的身体，使人日渐衰弱、百病缠身。当然，很多人都知道自己不应该被愤怒控制住，也很愿意远离愤怒，遗憾的是大多数人并不懂得如何控制自己的情绪，也就直接导致他们成为愤怒的奴隶，受到愤怒的驱使。

对于愤怒，有些很有涵养的人会选择掩饰和隐藏。其实，这种方法虽然能够在短时间内避免伤害他人，但对于自己的身体却是有很大的坏处。要想真正地降服愤怒，就要调整好自己的心态，这样才能从根本上解决问题。人人都想要成为人生的主宰，殊不知，要想主宰人生首先要主宰自己，主宰自己的情绪。

人生，总是面临着各种各样的选择，愤怒也是我们的选择之一。在面对一件事情时，我们或者选择坦然面对，或者选择勇敢接受，或者选择以愤怒的态度消极地逃避。当我们把愤怒当成是一种习惯，我们的人生就会被愤怒的阴影笼罩。愤怒是后天性反应，是在人们遭受挫折或者打击之后选择的应对方式。尤其是当看到现实与你的理想相去甚远时，你更容易陷入愤怒的旋涡无法自拔。

任何愤怒都不是无缘无故产生的。很多人之所以时常愤怒，是因为他们误以为愤怒能够解决问题。因而朋友们，要想远离愤怒，首先要认清楚愤怒的本质，它绝不是人类的本性，而是后天的选择和行为。当我们发自内心地意识到愤怒的危害，而且心甘情愿地想要改正这个不良习惯，我们就可以渐渐摆脱愤怒。当你不再因为愤怒而头昏脑胀时，对于问题和困难你自然会得出更加明智的处理方法和解决方案。

情绪启示

1. 越是在危急的时刻，我们越是应该远离愤怒，保持清醒和理智，这样才能竭尽所能地弥补一切，也尽量完满地解决问题。

2. 选择合适的方式发泄愤怒，如转移注意力，或者做些自己喜欢做的事情，总而言之，就是不要在怒火中烧的时候做出让自己后悔的决定。

3. 愤怒是非常复杂的情绪，当你感受到自己的愤怒时，不如按下情绪的暂停键，给自己更多的时间思考愤怒的原因。也许在几分钟之后，你就会觉得自己根本不值得为某件事情或者某个人大动肝火。

4. 学会合理表达自己的愤怒。当受到他人有心或者无意的伤害时，不要一味地掩饰和隐藏自己的愤怒，否则是很容易生出内伤来的。虽然做人要谦虚低调，但是也要学会以恰到好处的方式维护自己的合法权利和利益，因而及时合理地表达出自己的愤怒也是非常重要的。

保持理智，才能与负面情绪说拜拜

现实生活中，人们常常会以“不要感情用事”的话来劝说那些冲动的人。然而，这句话说起来容易，但对于当事人而言，做起来却很难。尤其是那些情绪激动的当事人，更是很难做到不感情用事。归根结底，人就是感情动物，但人之所以区别于动物，就是因为人有感情，也有理智。

举个最简单的例子，两个人在一起谈恋爱，在古代社会是父母之命、媒妁之言，年轻人根本不能为自己做主，也没有权利决定自己的人生和命运。随着时代的发展，到了现代社会，恋爱婚姻完全自由，年轻人对待爱情的态度也更加真实随性。正是这份自由，使得他们也变得更加冲动。如果说曾经的包办婚姻能够过一生一世，那么现在的自由恋爱则更加崇尚感觉，感觉不对了，理智马上就会彻底消失，离婚也就是瞬间的事情。这样一来，直接导致现代社会的离婚率节节攀升。其实，爱情总是如同烈焰，看似绚烂，保持的时间却短暂。那些所谓天长地久的爱情，都是需要双方彼此包容，保持理性，用心维护的。如果仅凭冲动行事，任何夫妻都要离婚若干次。归根结底，原本两个完全陌生的人突然间亲密无间地生活在一起，摩擦是不可避免的，各种矛盾和纠纷也是情理之中的。

当然，除了复杂而又微妙的感情之外，生活和工作中的任何事情都需要我们理智地对待，这样我们才能最大限度地远离负面情绪，也才能获得最美好的未来。如今很多年轻人对于工作稍微感到不满意，就会选择辞职跳槽，殊不知，任何公司里也不可能都是你喜欢和欣赏的人。人作为群居动物，在一起生活，在一起工作，难免产生不和谐的音符，最重要的是彼此包容。在你因为别人的缺点感到无法容忍时，你也应该想到，或许别人也正在因为你的缺点感到

无法容忍呢！但是别人在忍无可忍时依然能继续忍下去，你为何不能呢？人生短暂，在职场上最好的打拼年龄段里，假如我们不停地辞职跳槽，最终只会一事无成，潦草一生。

毋庸置疑，做人需要三分的感性，但做事情需要七分的理性。我们可以投入感情做人做事，但是更要以理智保证事情的圆满完成。现代社会很多人都承受着巨大的生存压力，难免情绪暴躁、反复无常，在这种情况下，我们更要坦然从容地面对人生，理智地规划人生，进而实现人生的梦想。

曾经，有个武士特别勇猛好斗，非要与一位禅师探讨天堂和地狱的区别。不想，禅师丝毫不把一介武夫放在眼里，因而毫不客气地对武士说："你只是一个头脑简单、四肢发达的武士，根本不配与我探讨任何问题。"禅师的这句话激怒了武士，武士当即拔剑而起，刺向禅师。禅师微微一笑，根本不想躲避，而是一语道破天机："这就是地狱。"武士大吃一惊，沉思片刻，幡然顿悟，立地成佛。这时，禅师又说："这就是天堂。"从禅师的话里我们不难发现，天堂和地狱原本就在一念之间，而左右我们思想的就是理智。人丧失理智无异于走入地狱，人恢复理智转眼间进入天堂。

现代社会发展迅速，人们对于生活的追求也越来越高。然而，大多数人都被物质的欲望裹挟着，根本没有想到物欲最终会带来人生的毁灭。人们不停地追求大房子、豪华的车子，追求功成名就，直到恶疾缠身，才意识到一切金钱权势都是身外之物，唯有拥有健康的身体和健全的心灵，我们才能真正拥抱人生、享受人生。

随着社会生活节奏的加快，越来越多的人变得更加浮躁，也更容易感情用事。毋庸置疑，感情用事是个贬义词，通常一个人只有失去理智，才会得到别人这样的规劝。当然，要想在短时间内就改变感情用事的坏习惯，也是不容易的。正如柏拉图所说，理性才是灵魂中最高贵的。一个人如果失去理智，就会进入地狱，沉沦不休。因此，我们每时每刻都要保持理智，以此彰显我们高贵的灵魂。

情绪启示

1. 时刻保持理智，避免因为一时冲动做出让自己懊悔的事情。要知道，世界上没有卖后悔药的，说出去的话如同泼出去的水，很多做完的事情就成为不可更改的历史，所以做人应该三思而后行。

2. 在愤怒的时候，切勿火上浇油。在人际交往中，我们面对愤怒的对方，与其点燃对方心中的愤怒火焰，不如努力控制自己，让怒气渐渐平息，从而使对方也恢复理智。如果不知道说些什么，适当沉默也是好的。

3. 做人应该常怀宽容之心。睚眦必究的人很难有好人缘，所谓“水至清则无鱼，人至察则无徒”，过于细心的人总是眼睛里揉不得沙子，远远不如难得糊涂来得更好。

第02章

坏情绪毁人不倦——冲动是魔鬼，别被坏情绪左右了

每个人都有脾气，而且，正如整个世界上绝没有两片完全相同的树叶一样，这个世界上也绝没有两个完全相同的人。人与人之间不但身材相貌不同，脾气秉性也是各不相同的。有的人性格温柔、言语平和，有的人性格棱角分明，说起话来也是使人如芒在背，还有些人处世圆滑，不管什么情况下都笑嘻嘻的……当然，性格的不同也导致人们的情绪各不相同。即使面对同一件事情，人们之间也往往会有截然不同的反应。这就直接决定了这个世界绚烂多姿，人与人之间差别巨大。作为聪明人，一定要调整好自己的情绪，才能拥有幸福和美的人生。

坏脾气，使人离成功越来越远

现实生活中，有很多所谓的淑女和绅士，他们看起来光鲜亮丽，文质彬彬，淑女非常温柔，绅士非常礼貌，但是一旦遭遇坏情绪的影响，他们马上就会改变模样。淑女也许瞬间会变成泼妇，绅士也许瞬间会变成莽汉。这都是人们因为愤怒而头脑发昏，歇斯底里。在坏脾气的影响下，人们很容易失去理智。也许会因为一时冲动，做出让自己万分后悔的事情。遗憾的是，这个世界上却没有卖后悔药的。一旦事情真的发生，人们不管多么懊恼，也无法改变成为历史的事实，只能沉浸在挥之不去的情绪中，独自懊丧。

难道大家在发脾气之前，不知道冲动的恶果吗？当然不是。人人都知道“冲动是魔鬼”，也知道愤怒会使人丧失理智，做出追悔莫及的事情，然而人是情感的动物，很容易因为情绪激动和情感波动，做出不计后果的事情。由此一来，真正能够控制自身坏脾气，让自己始终保持理智，免遭“魔鬼”折磨的人非常少。大多数人一边喊着“冲动是魔鬼”的口号，一边因为生活中不值一提的小事就放任自己的情绪，使自己成为坏脾气的奴隶。

毋庸置疑的是，生活不是一帆风顺的，每个人在生活之中都难免会遇到各种不如意的事情，甚至是遭遇他人有心或者无意的伤害。在这种情况下，我们如果不能很好地控制自己的坏脾气，导致冲动的魔鬼扼住我们命运的咽喉，我们的人生就会发生翻天覆地、难以逆转的恶劣变化。到时候，只怕我们悔之晚矣。

西方社会有句谚语，意思是，上帝如果想要彻底毁灭一个人，一定会先使这个人丧失理智，变得疯狂。从这句话来看，很多人都知道冲动的恶劣后果，不管是在我们国家，还是在西方国家。当然，凡事都要防患于未然，才能起到良好的效果。因此，我们也必须积极主动地调整自己的心态，遏制自己的怒气，才能避免被愤怒冲昏头脑，被冲动的魔鬼死死抓住。人人都想成为自身的主宰，殊不知，唯有控制自己的脾气，成为情绪的主宰，我们才能真正成为自己的主人。

很久以前，有个男孩脾气暴躁，动不动就发怒。有一天，父亲拿了一大包钉子给男孩，让他每次发怒之后就在卧室中的木衣柜上钉一颗钉子。第一天，小男孩居然在衣柜上钉了三十多颗钉子，看着触目惊心的衣柜，他不由得感到很懊丧。几天之后，随着衣柜上的钉子越来越多，男孩意识到自己要想保留衣柜的完整，就必须控制怒气。为此，他开始有意识地控制自己的愤怒，果不其然，几个星期过去了，他每天钉在衣柜上的钉子都在减少。最终，男孩发现和在衣柜上钉钉子相比，自己更应该控制愤怒。日久天长，他居然不再随便乱发脾气了。见此情形，父亲对他说："假如你能一天不发脾气，就可以拔掉衣柜上的一颗钉子。"男孩花费了相当于钉钉子几倍的时间，终于把衣柜上的所有钉子都拔掉了。

这时，父亲指着千疮百孔的衣柜语重心长地对男孩说："孩子，看看吧，就算你不再发脾气，而且拔掉了钉子，这些钉子的痕迹也会永远留在衣柜上。这千疮百孔的衣柜就像是受到伤害的人的心，伤痕累累。"男孩听了父亲的话，重重地点了点头。

每个人都有自己的脾气秉性，也有自己的性格和情绪，在遇到不愉快的事情时，人们难免会发脾气。然而，我们必须更好地控制自己的脾气，才能让自己成为平和的人，也才能处处受到欢迎。

情绪启示

1. 发脾气之前，就像开车遇到红绿灯一样，所谓“宁停三分不抢一秒”，先想一想后果，从而避免自己因为冲动做出追悔莫及的事情。

2. 人的愤怒都是有时效的，时间是最好的良药。在愤怒的时候，如果一时之间不知道如何开解自己，不如采取转移注意力的方法，这样就可以让时间冲淡愤怒。

3. 所谓宰相肚里能撑船。我们很多时候怒火中烧，并非真的是因为别人的错误，而是因为我们的心胸过于狭隘。一个人既然无法改变别人，就要从改变自己开始，让自己变得心胸开阔，有容乃大。

4. 所谓忍字头上一把刀，提升自己的忍耐力也是很有必要的。毕竟人生不如意十之八九，我们不可能处处都能随心所欲。只有合理自制，我们才能拥有更加从容的人生。

自私高傲，比坏脾气更可怕

生活中，对于那些清高孤傲的人，人们总是敬而远之，因为觉得他们的性格孤傲，高高在上，总是对人爱答不理的。当然，对于这些人，人们心底里未必是讨厌的，甚至还会非常尊重。因为大多数清高孤傲之人，总是有着自己的独到之处，甚至有着过人的能力。生活中还有一种人，也是人们不愿意与他们打交道的，那就是坏脾气的人。不过，坏脾气和清高孤傲有着本质的不同。坏脾气的概念非常宽泛，大多数时候，人们所说的坏脾气既包括不那么和善的性格，也包括很恶劣的脾气。但是，清高孤傲的人绝不是坏脾气的人，他们只是

比较高冷而已。

和清高孤傲在字面上有着微妙区别的，还有一种人是自私高傲。自私高傲的人，往往比坏脾气的人更加不受欢迎。所谓自私，就是一心一意只想着自己，考虑任何问题，也只从自己的角度出发，从不顾及他人的感受。所谓高傲，就是瞧不起别人，这恰恰伤害了别人的自尊心。因而在社会交往中，自私高傲的人总是人缘很差。如果说坏脾气还能得到他人的宽容和谅解，毕竟江山易改禀性难移，那么自私高傲则是人们后天选择的为人处世的方式。现代社会中，人与人之间的关系更加密切，合作也更加紧密。假如一个人对于任何人都很自私，那么日久天长，他必然成为孤家寡人，再也没有人愿意与他合作。从本质上来说，自私和高傲都是人品问题，是很难得到谅解的。

在社交场合中，高傲的人更加不受欢迎。他们盛气凌人的模样、他们不可一世的劲头，使人觉得他们居高临下，让人敬而远之。也因为自私，他们很少顾及他人的感受和尊严，因而人们从感情上宁愿接受坏脾气的失控，也不愿意接受理智的自私和高傲。从这个角度而言，坏脾气的人一定要时常进行自我反省，提醒自己努力控制坏脾气，要坚决杜绝自私和高傲，否则就会成为彻头彻尾的讨厌鬼，不论走到哪里都不受欢迎。

一直以来，小米都不知道自己为何处处不受欢迎。在单位里，她总是受到同事的排挤，哪怕是正常的工作流程，她也受到阻碍，无法顺利展开工作。思来想去，小米始终不知道自己的问题在哪里。直到有一天，小米和一位老同事一起出差，那位老同事对小米说："小米，其实你人不错，但是你对待同事不要那么高傲。而且，也许因为你是独生女，所以你做很多事情的时候都特别自我。比如，刚才你趁着大站停车的时间去买水，只买了一瓶自己喝。如果我是你，肯定会为你也带一瓶的。虽然这些是小事情，但是有些人会很在意的。我之所以提醒你，是因为我的年纪和你妈妈差不多大，我的女儿与你年纪相仿，你们作为独生子女一代，都有类似的毛病。”老同事的一席话让小米恍然大悟，她马上反省自我，说：“我的确这样，很多时候和爸妈一起出去，都只买自己喜欢吃的，我虚心接受您的批评。”后来，小米渐渐改变，对于自己的任何需求，都第一时间想到别人也和自己一样有相同的需求，因为换位思考，她渐渐变得受欢迎了。

如果不是老同事及时点破小米，小米也许还要继续执迷不悟下去呢！的确，一个孩子无论多么年轻，只要走上工作岗位，和所有同事之间就都是平等的关系。因而，也要把自己当作成年人与同事相处，毕竟工作单位不同于学校和家里，没有父母和老师特殊照顾任何人。

朋友们，自私高傲与坏脾气有着本质的不同，任何时候都不要混淆这两者，哪怕是清高孤傲的女神男神，在现代社会也是不那么受欢迎的。因而聪明的朋友一定知道要受欢迎的秘诀，那就是戒掉骄傲，戒掉自私，真诚友善地融入团队之中。

情绪启示

1. 高傲的人总是给人以拒人于千里之外的感觉。任何时候，哪怕你面冷心热，也要适当改变自己，使自己变得热情大方。

2. 自私是任何人都难以容忍的坏毛病，哪怕是辛苦抚育你成长的父母，也不会愿意你变得自私自利。归根结底，当父母老了，还是需要子女的悉心照顾，这一切都要从小事做起。所谓“老吾老以及人之老，幼吾幼以及人之幼”，这样才能得到他人的认可和赞许。

3. 坏脾气和自私骄傲是完全不同的，我们必须立刻戒掉自私高傲的坏毛病，才能彻底打开他人的心扉，得到他人的认可。

淡定平和，才能真正获得幸福人生

从遗传的角度来说，人的坏脾气有一部分是天生的，因为每个人都有不同的秉性，这也就间接决定了他们的脾气是好还是坏。当然，这并不能成为人们放纵坏脾气的理由，归根结底，坏脾气和后天的修养关系更为密切。假如一个人处处宽和待人，而且遇到任何事情都能做到设身处地为他人着想，那么他们就能够保持宽容大度、心平气和。与此恰恰相反，假如一个人心胸狭隘，与任何人交往时都喜欢算得清清楚楚，而且对于任何事情都斤斤计较，总是想要抢先争上，那么日久天长，他一定会受到自己内心的折磨，感到痛苦不堪，自然他的心情也会越来越差，终日郁郁寡欢。

毋庸置疑，每个人都想要拥有幸福美好的生活，有的人如愿以偿了，有的人却始终距离幸福非常遥远。他们越是对幸福求之不得，就越是焦躁不安，最终迷失自己。这是为什么呢？所谓幸福，并非是大多数人所想的那样拥有大房子和豪华的车子，而是一种来自内心的感受。有很多有钱人虽然很富有，但是内心空虚，住着大别墅却没有家的温暖，为了争夺财产，一家人之间钩心斗角，这样的生活再怎么富裕，也是痛苦的。相反，有些人家尽管物质上贫乏、金钱有限，但是对于人生的粗茶淡饭、平平安安感到非常满足，最终一家人和和美美、其乐融融，使人羡慕不已。由此可见，虽然物质上的富足能够增强人的幸福感，但是幸福与金钱、权势、物质之间却没有必然的关系。心浮气躁的人主动与幸福绝缘。我们唯有平心静气，淡定平和，才有机会获得真正幸福的人生。

假如说唐然以前是个幸福的女孩，那么自从参加工作之后，她就离幸福越来越远了。唐然是在长春读的大学，大学毕业后，她为了改变命运，只身一人来到北京，很长时间里都过着艰难的生活。直到进入一家二手房经纪公司工作，她才意识到原来有钱人这么多啊。看到那些还没有结婚的年轻人去买房，她不由得怦然心动：假如我找到一个有房子的男孩作为男朋友，我岂不是一步登天，再也不用为无数北漂发愁的房子忧愁了吗？自从产生这个想法，原本一心一意工作赚钱的唐然，感到越来越焦灼不安。每次陪同一个年轻的客户买房，她都羡慕地盯着客户的女朋友。如果是单身男孩，她则像是老鼠爱大米一样，对对方死缠烂打。如此几个月的时间过去了，唐然非但没有找到心仪的男朋友，反而还业绩下滑，原本月入过万元的她，最后每个月只能拿到一千多块钱的底薪。

在现代化的大都市，越来越多的年轻人被物质同化，追求物质生活，也不乏有些原本生活在底层的年轻人产生了思想上的偏差，想要走捷径，一步登天。然而，人生总是需要自己奋斗的。任何人都不可能在人生路上获得一蹴而就的成功，更不可能找到真正的捷径。尤其是对于那些年轻的女孩而言，也许自己辛苦栽种的果实才能更加甘甜。当然，不乏有些女孩的确拥有好运气，但是那是要随遇而安的，不能强求。

当社会越来越浮躁，我们更是要淡定平和，安守自己的内心。任何时候，只有内心安宁，我们才能获得安稳的人生。

情绪启示

1. 个人无论做什么事情，都应该脚踏实地。好高骛远的人生是不会长久的，不管什么时候，都要从山脚下一步一步地攀登，才能到达山顶。

2. 人是有底线的，虽然金钱权势很重要，但并非是人生中必须的。人，只有成为大写站立的人，才能傲然屹立于世。

3. 每个人都要有梦想，哪怕时光流转，光阴荏苒，我们也要坚守自己的梦

想，永远为了梦想而不懈地努力。

淡定平和的人生，才能云淡风轻

行走在大都市的街头，我们会发现每个人都行色匆匆，在熙熙攘攘的人流中，根本没有时间停留片刻。他们不停地奔赴人生的下一个目的地，也为了获得更好的生活，竭尽全力地拼搏。然而，很多朋友在大城市打拼多年后才蓦然发现，自己的人生是那么的空虚，为了所谓的房子、车子和票子，不但没有时间陪伴父母，而且错过了孩子的成长，最终得到的是什么呢？如果能够为物质上的富足感到满足倒也还好，然而人心都是贪婪的，对于自己所欠缺的，总是想要弥补。穷人想要有钱，有钱人却羡慕穷人能够陪伴家人，一家其乐融融。因而在从穷人拼搏成为有钱人之后，很多人都发现自己付出了巨大的代价，而且这些代价之中有很多都是无法弥补的。

其实，尽管时代的洪流滚滚向前，社会的车轮也片刻不停息，我们也依然有权利选择自己的生活方式。我们可以轰轰烈烈、忙忙碌碌地度过一生，也可以安安稳稳、云淡风轻地度过一生。和为了名利不停忙碌的人相比，云淡风轻的人则是悠闲安适的。他们没有过多的欲望，因而生活也变得极其简单，也有更多的时间进行深入的思考，知道自己真正想要的是什么，从而少走了许多弯路。

很多人都知道健康的身体是第一，但是真正了解此中意味的人却不多。当我们毫不停歇地得到了梦想的一切，却失去了健康，导致人生的运转戛然而止时，我们才意识到所谓的房子、车子和票子，在健康的身体面前根本不值一提。正如人们常说的，前半生拿命换钱，后半生花钱买命。命，却很有可能再也买不回来了。曾经，有个大富豪拼搏一生，拥有了万贯家财，却在实现梦想之后身患绝症。他临终之前最后悔的事情就是没有在孩子小的时候，陪伴孩子一起成长。此时的悔悟，已经彻底晚了。

在遥远的山村里，有一处泉眼，据说这个泉眼里流出来的水都是圣水，能够治愈百病。为此，很多人慕名而来，他们之中不乏功成名就的大老板、高官等。在身患绝症之前，他们有无数个理由继续拼搏和奋斗，简直连一天也不能离开自己的阵地，但是在身体敲响警钟后，他们突然间悔悟，原来一切的美好都必须活着才能享受。为此，他们毅然决然地放弃曾经为之拼搏的一切，义无反顾地来到这个与世隔绝的偏僻山村，而且粗茶淡饭，每天晒晒太阳，喝着圣水，心无杂念。曾经手机不离手的他们，如今也彻底忘记了互联网，甚至连电话都很少打了。如此的顿悟，如果必须发生在即将离开人世的时候，就是人生最大的悲哀。

我们不确定那个村子里所谓的圣水是否真的能够治愈百病，然而，人们在生命即将结束时才回归本真的状态，使人不胜感慨唏嘘。人生真的就像是一个圆，也许绕了很远，能够回到终点，也许走了很近，却只画出了残缺不全的圆。很多事情都追悔莫及，与其等到不能挽回时再去后悔，不如从现在开始珍惜健康的身体，从容享受云淡风轻的人生。

情绪启示

1. 人生是一趟没有归程的旅途，没有人知道人生的终点在哪里，我们唯一能做的就是活在当下，享受当下，过好每一个今天，不给人生留有遗憾。

2. 人的所需其实是很少的，当我们清心寡欲时，我们的人生也会变得简单从容。与其为了名利不停地忙碌，不如返璞归真，找到人生最本原的意义所在。

3. 把每一天都当成生命中的最后一天度过，尽情地享受生活。知道生命才是人生之中一切意义的寄托，我们也就会豁然开朗，少走许多弯路。

人，最大的敌人就是自己

人生之中，每个人都会遇到很多对手，这些对手或者是良性竞争关系，或者是恶性竞争关系，也有可能是居心叵测的敌人。总之，人就要在这一场又一场形形色色的竞争中，不断地脱颖而出，或者是被打败。其实，明智的人会发现，在无数个对手和敌人之中，最大的那个就是自己。一个人如果能够战胜自己，也就成为自身的主宰，从而能够成功地征服他人。

真正的强者和胜利者并非是战胜别人的人，而是战胜自己的人。同样的道理，那些失败的人也并非是输给了别人，而是输给了自己。人们常常说自己的心中有着心魔，意思就是人有很多惰性和恶劣的品性需要战胜。这样的理论听起来似乎很玄妙，其实特别有道理。毕竟不管是对手还是敌人都是来自于外界的，唯有我们自己才是我们心中的敌人，也是对于我们而言最难战胜和征服的敌人。

大多数人自以为了解自己，其实，每个人最不了解的人就是自己。尤其是在遭遇坎坷和困境的时候，我们的胆怯和畏缩，往往使我们失去勇气，退缩不前。关于对战胜自我的认识由来已久，道家学说的创始人老子就曾经说过："胜任者有力，自胜者强。"这句话的意思是说，战胜别人的人也许孔武有力，但战胜自己的人才是真正的强者。很多人都曾经听说过卧薪尝胆的故事，勾践在成为吴国的俘虏后，低声下气、忍辱负重，最终才得以回到越国，报仇雪耻。自古以来，关于战胜自己的事例很多，那些伟大的人之所以能够成就千秋大业，就是因为他们战胜了自己，也征服了世界。

西汉初年大名鼎鼎的军事家韩信，作为刘邦的得力大将，帮助刘邦建功立业，也因此青史留名。然而，韩信少年时期因为家庭穷困，是个整日在街面上溜达的小混混。他不务正业，食不果腹，经常吃了上顿没下顿，在一个洗衣婆婆的接济下才不至于饿死。

有一天，韩信去淮陨集市上闲逛。因为当时正好是农闲时节，天气晴朗，所以集市上人来人往，川流不息。韩信衣衫褴褛，挨家店铺看着，还吹着口哨，一看就是没有正事的闲人。他不经意间走到集市东头，那里有很多肉铺，屠夫们正在竭尽全力地吆喝卖肉。韩信看到那个与他发生争执的屠夫，马上掉头往回走，那个屠夫看到韩信却穷追不舍，很快就带着几个膀大腰圆的男人把韩信围了起来。屠夫当即扯住韩信的衣领，说："怎么着，想跑吗？想跑也行，要不用这把刀杀了我，要不从我的胯下钻过去，我就放你走。"韩信看到对方人多势众，不敢反抗，又想到杀人必须偿命，因而只得忍受屈辱，从屠夫的胯下爬过去。围观者全都嘲笑韩信没有血性，韩信受到这样的侮辱之后，一直责骂自己："你居然被人如此戏弄，简直丢了祖宗的脸。你要是不活出个人模狗样来，以后也就不要见祖宗了。"这件事情之后，韩信辞别洗衣婆婆，背起行囊四处求学，最终成为了一代名将。

如果韩信当时一时血气冲天，拿起刀杀死屠夫，那么他就不会有后来的成就，刘邦也就缺少了一个得力干将。人生之路非常漫长，而且会有各种意想不到的情况发生。在遭遇意外必须抉择的时候，我们与其冲动地做出让自己懊悔的事情，不如暂时忍耐，以求日后的发展。这样的忍耐是对自己的战胜，也许当时看起来屈辱，但是保存了实力，赢得了更加灿烂辉煌的人生，可谓是人生赢家。

朋友们，你们可曾遇到过人生需要抉择的时候呢？记住，任何情况下都不

要冲动，冲动是魔鬼，一定会使我们追悔莫及。我们唯有始终保持清醒理智，忍耐一时，才能获得长久的发展，赢得人生的胜利。

情绪启示

1. 人，最大的敌人就是自己。一个人要想征服世界，首先要战胜自己，才能迈出成功的第一步。

2. 正如人们常说的，好汉不吃眼前亏。我们必须把心思变得活络一些，根据事情的发展情况随机应变，顺势而为，才能做出最合理的选择，也才能保证自身的发展。

3. 古人云："一日三省吾身。"每个人都是有缺点的，一个人只有经常反省自我，才能及时发现和弥补自身的缺点，从而使自己得到提升和完善，变得更加强大起来。

坏脾气，导致事与愿违

每个人对于他人的坏脾气都觉得无法容忍，但是对于自己的坏脾气发作，总是能够找出各种各样的理由，从而使自己发脾气变得理所当然。人是情感动物，各种各样的事情都会导致情绪激动，所以坏脾气在生活中并不鲜见。尤其是对坏脾气的各种坏处，人们很容易就能说出若干条，但是即便如此，在坏脾气不期而至时，却很少有人能够控制得住。

当看着坏脾气使原本的好事情变成了坏事情时，无疑是最使人沮丧的。很多情况下，当我们无法很好地控制自己的坏脾气时，事情就会发生惊天大逆转，也会使情势急转直下。由此一来，可想而知，原本想要好心办好事的人，此时此刻该会多么失望。尤其是没有看到预期的好结果，反而看到事情朝着不可预期的恶劣方向发展，则更使人心急如焚。生活中，这样的事例并不少见。因为坏脾气一旦发作，人们就会陷入不可遏制的愤怒之中，导致冲动无畏，也无法冷静地思考后果。经常看影视剧的朋友们会发现，很多悲剧的酿成都是因为接踵而至的误会导致的。

生活中，在遇到事情的时候，假如我们能够控制自己的坏脾气，不要急于发作，而是冷静下来以观后效，洞察事情的真相，那么很多误解也就不会发生了。其实，坏脾气对于解决问题没有任何作用，只会使事情变得更加糟糕。因而明智的朋友不会做这种毫无意义的事情，而是会努力成为自身情绪的主宰，使事情防患于未然。

近来，丝丝所在的公司的一个副总被调动到外地分公司，因而总部空缺了一个副总的职位，最有希望入选的就是丝丝和李彤。丝丝是公司的行政总管，李彤是公司的销售总监，毫无疑问，她们俩的职位都是非常重要的。如果没有丝丝，公司的一切运转就会暂时瘫痪；如果没有李彤，公司短时间内的销售业绩也会受到影响。然而丝丝认为，对于一家公司而言，正常运转才是保证利润的基础，否则只有销售总监，也无法保证公司能够实现良性发展。为此，丝丝觉得自己的职位比李彤更加重要，毕竟自己是行政总监啊！

在经过一个月的考核之后，丝丝和李彤各方面的情况都会汇集到老总那里。看到同样优秀的两个人，老总也很为难，因而决定进行最后一轮考核：应变能力考核。在老总的安排下，丝丝和李彤同时得到了不同的消息，丝丝得知李彤将会被提升为副总，李彤得知丝丝即将被提升为副总。得到消息后，向来稳重的丝丝有些按捺不住了，要知道副总的空缺几年也遇不到一次，作为行政总监的丝丝如果这次得不到提拔，也许就会进入天花板阶段，无法晋升。因而，丝丝当即给老总打电话，带着兴师问罪的意味质问老总她哪里做得不够

好，为何要抹杀她在公司里十几年来的功劳和苦劳。老总笑而不语，听到丝丝说完之后，才让丝丝再耐心等待。和丝丝相反，李彤得到消息后非常沉稳，既没有打电话质问老总，也没有表现出任何异常，而是一如既往地努力工作，居然在短短一个月的时间里把销售业绩再次提高了几个百分点。这样一来，丝丝和李彤也许工作能力相差无几，但是应变能力却高下立见，老总的心中当然有了定夺。

最终，丝丝没有得到提升，败给了李彤，实际上打败她的不是李彤，而是她的坏脾气。人们向来说商场如战场，其实职场关系也是非常复杂的。丝丝在得知消息后根本沉不住气，居然怒气冲冲地质问老总，和李彤的沉着冷静相比，她的坏脾气成为最大的减分项目。当然，丝丝不会知道自己是因为一个电话就输掉了全盘的棋。归根结底，公司管理是非常复杂的，不但需要明智，也需要稳健。对于副总的职位而言，未来难免要经历更多的大风大浪，急脾气和坏脾气的丝丝还需要多多历练呢。

情绪启示

1. 没有人知道坏脾气会导致哪些至关重要的好事情变成坏事情，也许当事人还会像丝丝一样，最终输掉了，却不知道自己输在哪里。

2. 发泄坏脾气是轻而易举的事情，你可以发一通牢骚，打一个怒气冲冲的电话，也可以做出某些过激的举动。然而，这个世界上没有卖后悔药的，一切做出去的事情、说出去的话都是不可收回的。

3. 处理任何事情的时候，我们都要坚持冷静和理智，这样才能保持思维的敏捷，智商也不至于因为愤怒而降低。记住，任何时候，坏脾气发作都无法解决问题，而只会使事情越来越糟糕。

坏情绪，会使好人也失去好人缘

作为孩子，如果你的父母之中有一个人是坏脾气，或者你的父母全都是坏脾气，那么你的童年一定不会快乐，因为你的父母如同一个不定时炸弹，随时可能爆发，使年幼胆小的你始终心惊胆战，无法享受无忧无虑的童年。但是，人的出生是无法选择的，这就是意味着我们只能接受父母，而无法选择父母。对于坏脾气的父母，孩子除了默默忍受之外，几乎毫无办法。与此恰恰相反，假如父母拥有一个坏脾气的孩子，那么他们除了担心孩子未来的人生会受到坏脾气的负面影响之外，还可以循序渐进地改变孩子的坏脾气，在孩子成长的过程中，教会孩子忍耐，教会孩子在任何情况下保持冷静和理智，也教会孩子从正面解决问题。

很多恋爱中的情侣包括很多夫妻原本感情很好，但在深入相处之后，才发现对方是个坏脾气，最终导致彼此分道扬镳。的确，这就是坏脾气的负面影响，虽然坏脾气并不是人品问题，也不是人们刻意为之，只是偶尔无法控制自己的怒气，而做出过激的举动，但是坏脾气的确是很难容忍的。如果说孩子无法选择父母，父母也无法选择孩子，因而父母与孩子之间只能彼此容忍对方可能有的坏脾气，那么除了父母与子女之间，在其他任何人际关系中都无须必须忍耐他人的坏脾气。尤其是在现代社会婚恋自由，哪怕是已经结婚很长时间的夫妻，也完全有可能因为对方的坏脾气决定放弃对方，重新开始崭新的人生。

有些从小就好得像一个人似的好朋友，比如说是铁哥们、骨灰级闺蜜，在遇到对方发脾气的时候，也会恨不得逃之夭夭。记住，这个世界上除了父母子女，没有谁是必须容忍谁的。即使是父母子女之间，在子女长大成人之后，如果无法好好相处，也同样可以老死不相往来。对于一个坏脾气的人而言，如果

好朋友都离开了他，亲人也对他敬而远之，他还能拥有好人缘吗？答案当然是否定的。退一万步说，即使一个人是个地地道道的好人，但脾气暴躁、性格恶劣，那么也不会有人愿意与他为伍。这样一来，坏脾气的好人当然也就失去了好人缘。

认识老宋的人都说老宋是好人，尤其是那些和老宋在一个厂子里工作了一辈子的老同事，都说老宋心眼实在，很老实本分。尽管他们给予老宋这么高的评价，却不愿意与老宋走得太近，归根结底，都因为老宋这个好人拥有坏脾气，像个不定时炸弹一样随时都会爆炸。作为老宋的妻子，老李这些年也忍得够够的了。有的时候，他们夫妻两人正在好好地聊天呢，老宋就像是个变脸狗一样，不知道因为老李哪句话说得不合他的心意，马上就对老李横眉冷对，而且厉声呵斥。对此，老李说："刚结婚的时候，我不知道他的狗脾气，每次好好说着话他突然翻脸，我都委屈得想哭，也觉得很丢脸。现在都忍了大半辈子了，也知道他就是这样的人，我就不搭理他，随他发神经，过会儿他自己就好了。"然而，作为普通同事和朋友，大家都受不了老宋变脸狗一样的坏脾气和坏性格，因而老宋渐渐地就成为了独行侠，大家都知道他是好人，却都不愿意接近他。

好人老宋就这样因为坏脾气失去了好人缘，幸好同事们没有因为他的坏脾气迁怒于他，更没有因此诋毁他，而是能够公平地评价他，这已经是不幸中的万幸了。人心隔着肚皮，人们在相处的时候关系更是复杂多变，因而要想处理好人际关系，必须更加周到地考虑到方方面面。

在这个世界上，做任何事情并非只有好心就行，还要讲究方式方法，就算说话，也要讲究态度，才能把事情做好，处理圆满。尤其是在现代社会，耿直的性格和直截了当的说话方式已经不能适应复杂的人际环境，唯有处世圆滑，把话说得恰到好处，也把话说到他人心里去，才能拥有好人缘。

1. 一个人就算真的好心，但是说出去的话却像石头一样硬邦邦的，或者像利剑一样直接刺向他人的心窝，那么也无法取得预期的良好效果，甚至还会无形之中得罪人。

2. 在这个世界上，除了父母，没有人有义务容忍你的坏脾气，因而不要以脾气不好作为借口掩饰自己的不当言行。就算是对父母，当他们辛苦一辈子抚育子女长大，应该得到的也不是子女肆无忌惮地发作坏脾气。

3. 做任何事情都要讲究方式方法，尤其是在职场上，每个人都要与同事搞好关系才有利于工作的开展，这就更加要求我们与同事和谐相处，杜绝坏脾气。

第03章

努力控制坏情绪——赶走怒气，才能做更好的自己

大多数时候，人们知道自己有坏脾气，却无法控制。这就导致大多数人都会被坏情绪奴役，也因为一时冲动，做出无法挽回的事情。从事情的根本上来说，只意识到自己的坏脾气是远远不够的，要想解决坏情绪导致的过失，就必须学会努力控制自己的情绪，成为情绪的主人，这样才能成为自己人生的主宰。

坏情绪除了使事情更糟糕，别无他用

人生是反复无常的，在人生路上，很多人都会遭遇意外，尤其是当那些灾难和困厄不期而至时，人们很难保持心平气和。此外，复杂的人际关系也使我们经常需要面对他人有心或者无心的过失，从而导致人生变得更加艰难和坎坷。在这种情况下，有相当一部分人会情不自禁地产生情绪波动，或者因为形形色色的烦恼大发脾气。那么，发脾气真的能够解决问题吗？相信大多数明智的朋友都知道，发脾气对于解决问题根本于事无补，有的时候，人们还会因为怒气而失去理智，使得事情的发展出人意料，更加糟糕。

没有人会是一帆风顺的。大多数人的人生之路，既有平顺的坦途，也有曲折的道路。生活中，常常有积极乐观的人说，既然哭着也是一天，笑着也是一天，不如笑着度过人生中的每一天。的确如此，唯有拥有这么乐观的人生态度，我们才能更加尽情地拥抱人生，享受人生。毋庸置疑，愁眉苦脸无法使人生的逆境提前结束，反而会使人的命运更加困厄。既然活着，我们就要坦然接受人生的各种挑战，迎接人生的风风雨雨，进而最大限度地发挥人生的可能性，成就精彩圆满的人生。

有很多人在面对人生困厄时，不知道如何应对，甚至会产生强烈的抵触心理。殊不知，人生的困厄就像一年之中有春夏秋冬四季一样是天经地义的。人有悲欢离合，月有阴晴圆缺，此事古难全。我们也要说，人生之中有坎坷挫折

和艰难困厄，自古以来就是如此，即便是富贵之人，也有不如意的时候，根本无法做到十全十美。

此外，从我们自身的角度而言，发脾气不但会扰乱我们的心绪，而且会很大程度上影响我们的身体健康，也会影响我们身边人的心情。这样一来，不仅导致我们的生存环境恶化，还会使事情朝着糟糕的方向不断发展，最终变得糟糕至极。这样的结果，当然不是我们愿意看到的。因而朋友们，在遇到坎坷挫折以及诸多不如意时，与其抱怨，不如调整好自己的心态，让自己更加积极主动地面对人生，从而也圆满解决人生的诸多难题，超越那些看似无法逾越的困境，最终成为人生的赢家。

假如不是因为坏脾气，小马也许早就已经成家立业，过着幸福美满的生活了。小马原本有个两小无猜的女朋友，他们不但父母是同事，住在同一个小区里，而且从孩童时就在一起，从小学到高中都是在同一所学校的好朋友，直到大学他们才各自去了相隔遥远的两个城市完成学业。

大学毕业后，他们相约回到家乡。终于团聚的他们开始筹划结婚的事情，但在短暂的相处之后，两个发现对方完全不是自己魂牵梦绕的那个人。也许是因为分开了整整四年，再见面，他们虽然亲密，但是对对方感到很陌生。尤其是小马，再也不是那个看似腼腆的大男孩了，而是成为一个颇具大男子主义的男人。看着小马不管什么事情都要处于指挥和支配的地位，他的女朋友豆豆难以接受。尤其是在商讨结婚的细节时，小马几乎搞起了一言堂，不但没有理解和体谅豆豆，反而不管什么事情都要自己说了算，导致豆豆夹在小马和自己的父母之间左右为难，总是受夹板气。当豆豆像小马表达父母的意愿，希望小马家里能够为他们准备单独的婚房，以避免他们婚后与公婆一起居住生活时，小马厌烦地大发脾气："你是想嫁给我吗？我看你就是想借着结婚的机会发财呢！要房子，要车子，你父母只是你的幌子而已。要是你真的想要嫁给我，你就不会处处都听你父母的。”看到小马歇斯底里的样子，豆豆委屈万分：“我也已经和父母说了很多，一直都在做他们的工作。不过，我觉得我们结婚后独自生活是应该的，毕竟和老人在一起居住，容易有矛盾。咱们可以把房子买的离你爸妈和我爸妈家都近一些，这样也可以经常去看望他们。等到我们有钱了，也会孝顺他们的呀，你能不能先向你爸妈借钱把房子买了呢？”每次说起这个问题，小马总是不由分说就乱发脾气，最终豆豆忍无可忍，提出了分手。她对小马说：“其实房子和车子都不是最重要的，只是我不希望一辈子遇到任何问题都要忍受你的坏脾气，我需要的是能够为我撑起一片天空，或者是至少能够与我同心协力面对难题和解决难题的人。”

眼看着相处了十几年的女朋友就这样飞了，小马气愤不已，觉得豆豆眼里和心里只有钱。殊不知，他不是败给了自己还不够成熟和完善的条件，而是败给了自己的坏脾气。归根结底，女人是用来捧在手心里疼爱的，尤其是现代社会男女平等，大男子主义的男人如果总是对自己的爱人发脾气，最终就会鸡飞蛋打，悔不当初。

没有人愿意成为别人的出气筒，尤其是在夫妻之间，长久的忍耐更是使人胆战心惊。实际上，坏脾气并没有我们想象中那么可怕。假如我们在生活和工作中能够有意识地控制自己的坏脾气，那么就可以避免像小马一样把好事情变成坏事请，最终鸡飞蛋打。聪明的朋友们一定要记住，任何时候坏脾气对于事情都没有好处，只会使事情变得更加糟糕。要想彻底解决问题，我们就必须保持冷静和理智，积极主动地解决问题。

情绪启示

1. 发脾气的时候，人们会瞬间失去理智，导致冲动之下说出来的话和做出来的事情，都使人难以接受。

2. 任何情况下，越是与自己亲近的人，越是不要肆无忌惮地伤害。即便是再深厚的感情，如果总是不珍惜不尊重，也会变淡，使原本亲密友好的爱人变得形同陌路。

3. 既然哭着也是一天，笑着也是一天，那么聪明理智的朋友，一定要笑着度过人生的每一天。归根结底，人生苦短，我们只有快乐度过人生的每一天，才能让人生了无遗憾。

怒气使人的智商瞬间下降

人为什么会生气呢？从表面上看，爱生气的人似乎非常强势，而且他们提高嗓门，面色严肃冷峻，使人心生畏惧。实际上，从本质上来说，人之所以生气，反而是因为胆怯，他们必须用怒气掩饰自己的怯懦，这样才能使自己变得外强中干，吓唬那些不知道他们底细的人。有的时候，人们因为感受到自身的软弱，所以也会动辄生气，以此帮助自己树立威信。殊不知，这样的威信是非常脆弱的，基础也很薄弱，很容易突然坍塌，被他人戳穿。

细心的人会发现，真正的强者很少会生气。首先，真正的强者都非常自信，他们的自信是发自内心的，是他们精神的支撑，所以他们无须用怒气伪装自己，更无须用愤怒帮助自己树立威信。其次，真正的强者很清楚愤怒对于人有着强烈的负面作用，哪怕是一个聪明理智的人，一旦被愤怒冲昏头脑，智商也会瞬间降低。为了不使自己的智商降低，他们会竭尽所能地控制自己的愤怒，让自己成为真正的强者，不因为任何事情而陷入愤怒的囚牢。

从心理学的角度而言，愤怒是一种负面情绪。一些人在对某些事情感到不满意或者某些事情没有达到他们的预期时，会变得特别激动，甚至极端愤怒。

在这种情况下，他们的理智必然会被愤怒赶走，他们甚至会完全丧失理智。这样一来，他们如何能够做出积极理性的思考呢？如果我们要想成为自己的主宰，要想战胜自我，要想掌控自己的情绪，就必须放开心胸，对于人生中的诸多不如意都能保持宽容，从而变得更加快乐从容。愤怒的负面影响不仅仅局限于生活，影响人们的人际关系，也会给人们的工作和事业发展带来极大的障碍。现代社会，各行各业之间的分工越来越明确，也导致合作越来越密切。尤其是在同一个工作单位里，同事们之间更要搞好关系，才能和谐相处，密切合作，给开展工作带来极大的便利。

每一个人最大的敌人就是自己，而愤怒恰恰是每个人的心魔。一个人要想超越自我取得良好发展，就要战胜自己的愤怒，成为自身情绪的主宰，从而使自己的人生更加坚定与平和。

自从结婚之后，小雅就和公婆生活在一起。年轻人和老人共处一个屋檐下，而且还不是自己的亲生父母，再加上婆婆和媳妇都是女人，心思缜密，日久天长，难免心生嫌隙，相处也就没有那么愉快了。前段时间，小雅刚刚生了孩子，是个女孩。虽然婆婆没说什么，但是受传统的传宗接代的思想影响，对于小雅生了个女儿很不满意。坐月子期间，婆婆整日唉声叹气，小雅看在眼里，气在心里。

出了月子没过多久，有一次，小雅因为婆婆给孩子洗衣服没洗干净，对婆婆提出意见，婆婆马上火冒三丈，说："不就是个丫头吗，凑合养大就行了。"听了婆婆的话，原本就有些产后抑郁的小雅自然很生气，说："你不也是女人吗，我怎么没看到你凑合活着？男孩女孩都一样，这都什么年代了，难道你还要虐待你亲孙女吗？况且生男生女都是你儿子的种，要怪也得怪你儿子，这可不是我一个女人能决定的。"就这样，小雅和婆婆你一言我一语地吵了起来，谁也不愿意谦让谁。当时，正值小雅的爱人在外地出差，小雅便打电

话和爱人哭诉，爱人非但没有安慰小雅，还斥责小雅："你就别给我添乱了，我上班够累的了。你也不看看我一个人要养活多少人，你还是消停点儿，别和我妈吵架啦！"小雅思来想去，越想越生气，居然抱着几个月的孩子从十一层楼上跳下来，结束了孩子和她自己的生命。

因为产后抑郁，也因为婆婆重男轻女口不择言，小雅和婆婆最终发生了激烈争吵。这加重了小雅的抑郁，也使小雅在一时冲动之下产生了轻生的念头，还结束了孩子的生命。这样的结果显然是每个人都不愿意看到的，也使人无限感慨唏嘘。

愤怒是魔鬼，冲动更是魔鬼，这两句话都特别有道理。任何时候，我们都要控制自己的怒气，在极端愤怒的情况下，千万不要轻而易举做出糊涂的举动，否则就会追悔莫及。实际上，生活中的很多事情都不是绝对正确的，或者是绝对错误的。任何时候，我们都必须包容他人，也努力控制自己的愤怒，这样才能让生活中多一些幸福和谐，少一些烦恼忧愁和追悔莫及。

1. 冲动是魔鬼，怒火会使人的智商瞬间降低，导致人们做出使自己追悔莫及的事情。在这种情况下，我们要如同老司机开车一样宁停三分，不抢一秒，最终使得事情朝着理想的方向发展。

2. 当愤怒到极点时，聪明理智的人会选择转移注意力的方法，让自己不急于说话做事，避免闯下大祸。

3. 任何事情都不是绝对的，如果我们能够做到设身处地为他人着想，理解和体贴他人，那么我们的心胸就会更加开阔，我们的人生也会更加精彩。

赶走怒气，才能微笑着度过每一天

当你对着镜子里的自己微笑，镜子里的你也会对着你微笑；当你对着镜子里的自己皱起眉头，镜子里的你也会对着你紧皱眉头。生活如同这面镜子，你以笑容面对生活，生活才会回报你以欢笑；你以愁眉苦脸面对生活，生活也会回报你以忧伤。正如一位名人所说的，这个世界上并不缺少美，缺少的只是善于发现美的眼睛。我们也要说，这个世界上并不缺少幸福快乐，缺少的只是发现和感受幸福快乐的心灵。

心理学家经过研究证实，人只有心境平和、心情愉悦的时候，才会保持微笑。在微笑的时候，人们的心情也会随之变得愉快，身体还会分泌出大量的胺多酚，从而使人们更愉悦，情绪也更加开朗。对于人生而言，愉快的心情至关重要，微笑不仅关系到人的生存状态，而且是非常好的健身运动。正如人们常说的，笑一笑，十年少。人在笑的时候，不但牵扯到面部的很多肌肉，而且腹部的肌肉也会随之参与笑容运动，因此笑容不但能够增大肺活量，而且能够促进血液循环，对人体非常有利。然而，随着年岁渐渐增长，曾经少不更事的孩子在长大成人之后，越来越远离笑容，最终变得面部表情僵硬。曾经有心理学家经过研究发现，孩童每天展现笑容四百次，但是成年人每天只会展现笑容十五次左右。这两个数字之间的巨大悬殊，使人心惊胆战，难道人一旦长大了就要远离快乐吗？这也是为什么人们长大之后总是怀念年少时光的原因，其

实，他们是在怀念快乐。

尤其是在现代社会，生存压力越来越大，生活节奏越来越快，很多成年人每天都疲于奔命，根本无暇享受生活，甚至也忘记了笑容的味道。他们日复一日、年复一年地为了生活而不断奔波，这也直接导致各种心理疾病的发生，甚至有很多身体疾病也与笑容的日渐减少有着密不可分的关系。对于整个人类而言，笑容的减少是莫大的遗憾，所以作为新时代的年轻人，无论学习多么紧张，无论工作多么忙碌，我们都要牢记笑容，都要时时绽放笑容。很多人之所以能够拥抱青春，永远怀有纯真的、充满活力的赤子之心，就是因为他们常常欢笑。

也许有些朋友会说，人生百态，世态炎凉，根本没有什么值得高兴的事情，又为何要微笑呢？殊不知，生活总是这样不尽如人意，假如我们要等到生活十全十美时才微笑，那么我们更加容易与微笑失之交臂。当我们感到愤怒的时候，不如先强颜欢笑。细心的朋友也许已经发现，哪怕我们原本郁郁寡欢，一旦开始微笑，就能够真正绽放笑容，渐渐地驱散心底的阴云。这一点是经过心理学家研究证实的。所以，在被愤怒包裹时，我们不如主动寻找快乐，哪怕刚开始只是假装微笑，最后也会真的快乐起来。

作为办公室里的开心果，朱丽娟总是能够给大家带来快乐。她每天都乐呵呵的，哪怕遭遇不开心的事情，也能够进行自我劝解，从而帮助自己找回灿烂的笑容。如果别人遭遇不开心的事情，朱丽娟就更有办法了。她或者说些幽默的话逗乐大家，或者买些零食与大家一起分享，总而言之她寥寥数语就能使人意识到天并没有塌下来，就算天真的塌下来，也有高个子支撑着，矮个子根本无须担忧。

有一次，办公室里新来的大学生小王因为工作上出现失误，被老板狠狠地批评了一顿，委屈得直掉眼泪。朱丽娟见此情形，拿起一包泡椒凤爪送给小

王，说：“来吧，吃完之后别人就知道你到底是为什么而哭的了，因为我会被辣哭，他们肯定以为你哭的原因和我一样呢！这样，我就可以陪着你一起接受嘲笑。你不知道吧，我刚入公司时，在工作上的表现还远远不如你，所以我经常被骂哭。为了保全颜面，我就一边哭一边吃泡椒凤爪。一旦有人发现我哭了，我就说‘真辣真辣’。当时，大家都不理解我为何一吃泡椒凤爪就要被辣哭，却还总是吃。”听了朱丽娟的安慰，小王情不自禁地破涕为笑。

朱丽娟不但自己有着好心情，而且时常给大家带来快乐，所以在办公室里人缘非常好。的确，不管是在生活中还是在工作中，我们都无法一帆风顺，遭遇坎坷和挫折是必须的。在这种情况下，我们只有保持积极乐观的心态，以快乐驱赶愤怒，才能让快乐之花在我们的心中常开不败。

当然，每个人排遣愤怒的方式并不完全相同，对于各种不同的方式，我们无法妄加评论，毕竟每个人的脾气秉性不同，每个人遭遇的愤怒也是完全不同的。只要是有效的方法，只要是不对他人造成伤害的方式，就是排遣愤怒的好方式。

1. 笑容是驱赶愤怒的最好方式，尤其是肆无忌惮的哈哈大笑，能够调动我们全身的肌肉一起运动，帮助我们最迅速地发泄愤怒。

2. 在春光明媚的时候，不如走到大自然中呼吸新鲜的空气，让我们的心中充满快乐，从而使得愤怒无处藏身。

3. 身体上的紧张和疲劳能够很好地帮助人们发泄愤怒，当我们因为剧烈运动而汗流浃背时，心情也会变得越来越放松。

4. 现代社会有很多人都热衷于练习瑜伽，瑜伽的确是一种非常好的放松身心的方式，如果再结合冥想，则会事半功倍。

幽默既能愉悦他人，也能快乐自己

有人说幽默是语言的艺术，有人说幽默是智慧的最高表现形式，也有人说幽默是一门哲学。到底谁的说法更加准确贴切呢？其实，这些说法都是很正确的，因为幽默具有神奇的能力，在生活中总是能够给予人们意外的惊喜，也处处得到人们的欢迎。因而，人们对于幽默的各种褒赞，都不曾言过其实。

现代社会，人际关系被提升到前所未有的高度，人脉资源也作为成功的必备要素出现，对于人生的成功起到至关重要的影响。在中国，林语堂是第一个把幽默这个词语引进来的人，为了深入阐述幽默，他还专程写了一篇名为《林语堂——论读书，论幽默》的文章。从此之后，幽默真正走入人们的生活，人们也越来越接受幽默，更深入地领悟到幽默的独特魅力。

人是群居动物，在现代社会中，几乎每个人都要与他人打交道，才能维持正常的生活。尤其是在人际交往中，幽默表现出非常明显的作用。在西方社会，幽默更是被提升到很高的高度，有些女孩在寻找人生伴侣时，会把幽默作为一项必须具备的独特品质，列举为择偶标准之一。在社会交往中，懂得幽默、善于运用幽默的人总是能够拥有好人缘，不管走到哪里都很受人欢迎。当然，对于那些才思敏捷、乐观向上的人而言，幽默的确是天生的。不过，幽默也是可以后天培养的。所以朋友们，如果你们意识到自己不够幽默，这没有关系，只要你们能够多多读书，开阔自己的眼界，增长自己的见识，你们就会具备后天养成的幽默。

有很多人把幽默与低俗的玩笑混为一谈，以为开玩笑或者调侃别人就是幽默。其实，幽默是智慧的最高表现形式，和低级的玩笑和调侃完全不是一回事。幽默的方式也不拘一格，我们既可以通过智慧的语言充分表现幽默，也可以巧妙使用各种修辞手法，让自己的语言变得生动形象。当然，还可以使用身体语言起到幽默的效果，诸如在《憨豆先生》中，憨豆先生始终沉默不语，却能够通过丰富的表情和身体动作，让自己变得非常幽默。不管采取什么方式，只要达到高雅幽默的效果，使人会心一笑，就是成功的幽默，就是事半功倍的、使人愉快的幽默。

美国大名鼎鼎的讽刺小说家马克·吐温就很擅长幽默。他特别喜欢读书，因为自己家藏书不足，他就去邻居家里借书。然而，他的邻居特别小气，不想借书给他。在马克·吐温又一次去借书时，邻居佯装无奈地说：“我当然可以把书借给你，但是我和妻子之间刚刚制定规矩，从我家借书只能在我家里阅读。”没过几天，邻居因为自家的割草机坏了，所以来向马克·吐温借割草机使用。马克·吐温以其人之道还治其人之身，笑容满面地说：“借割草机当然没问题，可惜我也刚刚和我妻子制定规矩，借用我家的割草机只能在我家的草地上割草使用。”邻居听了他的话不由得哈哈大笑，却无法反驳，也意识到自己的做法是有欠妥当的。

还有一次，马克·吐温要去位于另外一座城市的大学讲课。他时间紧张，心急火燎，但是火车的行驶速度非常慢，简直和蜗牛一样。火车出发没多久，查票员来到车厢里检票，对马克·吐温说：“先生，请出示你的车票。”马克·吐温拿出一张儿童票给检票员看，检票员认真检查车票之后，对他说：“太好玩了，先生，我怎么看您也不像是个孩子啊。”马克·吐温对于检票员的嘲讽不以为然，而是慢条斯理地说：“我买票的时候还是个孩子呢，都怪火车走得太慢了，我现在已经长大成人了。”听到他的话，检票员和周围的乘客们全都情不自禁地笑了起来。

马克·吐温使用委婉的方式让邻居意识到不应该过于小气，也间接告诉检票员，火车的行驶速度实在太慢了。他的幽默，不但一针见血地指出了问题

所在，而且也能够很好地使谈话氛围保持融洽愉悦，也避免了因为语言过于犀利，得罪他人。

1. 幽默是一种难得的能力，懂得幽默的人不但能够愉悦自己，也能够给身边的人带来快乐。

2. 幽默不但需要极高的智慧，还需要渊博的知识作为基础，这样才能帮助我们最大限度地发挥幽默的能力，也使得我们的幽默变得更加高雅。

3. 幽默不同于低俗的玩笑，真正的幽默是清新脱俗的，是受人欢迎的。

受欢迎的人从不固执己见

生活中有很多人非常偏执，他们不管做什么事情都要由着自己的性子来，对于他人的感受不管不顾。他们不但自私，而且固执己见，做人处事都非常极端，不愿意改变自己的想法，而且对于他人的建议或者意见，总是一味排斥。试想，谁愿意与这样的人打交道呢？毫无疑问，他们在人群中是根本不受欢迎的。有的时候，他们即使意识到自身是错误的，也拒绝承认错误，选择继续错下去，使得他们身边眼睁睁看着他们一错再错的人，对他们恨铁不成钢。对于这种无法沟通的石头脑袋，人们总是敬而远之，也不愿意因为与他们之间的无效沟通，让自己气愤不已。

细心的人会发现，那些在人群中受欢迎的人都是从谏如流的人。他们很清楚这个世界上每个人都会不停地犯错误，也很清楚唯有进行积极的自我反省，或者根据别人的提议反省自己，才能不断进步，提升和完善自我。因而他们总

是保持虚心的态度，对于他人的善意提醒也能够做到有则改之，无则加勉。由此一来，他们在不断的进步之中变得更受欢迎，因为拥有良好的人际关系，他们在生活和工作中才能更加顺遂。和这些随和的人相比，偏执的人无疑处于极端。

很多情况下，即便只是一件非常简单的小事情，诸如周末去哪家饭店聚餐，在遇到偏执的人时，也会成为一个无法解决的难题。就算全家六口人中有五口人都同意去某家饭店吃饭，那个偏执狂也会固执己见，非要去另外一家饭店吃饭。而且越是遭到反对，他的偏执就会变得越发严重，最终导致原本应该非常高兴的周末聚餐不欢而散。尤其是在现代社会，大多数人都是非常有主见的，人们也非常愿意自己的意见被采纳，因而一个不偏执的人显然更加受欢迎。

老宋刚刚买了辆电动车不到两个月，就接到女儿的电话，说自己怀孕了，请他们老两口去照顾。为此，老宋和老伴一起去了上海女儿家，电动车就被锁在家里了。因为听很多人说如果电动车一年半载不骑的话，电瓶就坏掉了，所以女儿让老宋回家之后给车子充电试试，看是否能骑，但老宋固执己见，连试都没试就认定它坏了。在三年的时间里，老宋回家五六趟，每次都与老伴骑着自行车去买菜，累得半死。遇到路远的情况，他们还得花费几十块钱打车。三年后，老宋找了一辆顺风车把家里闲置的电动车带到上海。等他给电动车充电之后，发现电动车还好好的，立马就能骑。这时，女儿气愤地说："回家五六趟都骑个破自行车到处走，都快累死了。每次让你充电，试都不愿意试一下，真是一根筋。"对于女儿的指责，老宋也无话可说，因为他真的是一根筋，脑子根本不拐弯。

老宋的一根筋特性，家里人都知道，因而家里人也就不愿意故意与他拧着干。但是在单位里，老宋人缘很差，几乎没人愿意和他合作，因为大家都说他是个“老倔头”。

假如老宋听了女儿的话，也许回家那几次就不用那么辛苦地骑自行车了。很多事情都要根据实际情况做出判断，不能一味地固执己见。尤其是在事情发展变化比较快速的情况下，更要顺势而为，避免一条道走到黑。

其实，生活中的很多问题并非原则性问题，因而我们的坚持除了导致与他人之间关系紧张之外，根本毫无意义。对于大多数寻常人，解决问题的方式方法多种多样，根本没有必要为了简单的小事情与他人较真。

情绪启示

1．要想改变偏执的性格，我们首先要改变自己的想法，意识到生活和工作中的很多问题都有多种多样的解决方法，无须坚持一条道走到黑。

2．偏执性格的人不懂得和气的道理，所谓和气生财、家和万事兴，都是在告诉我们唯有和和气气，才能让生活变得更美好。

3．对于偏执性格的人，如果不是原则性问题，作为旁观者，我们也没有必要与他们争执，否则只会导致他们更加固执，更加难以改变。用通俗的说法来说，偏执的人都是顺毛驴，越是与他们对着干，他们就越是上劲。要想说服他们改变主意，不如采取迂回的方式，委婉地解决问题。

第04章

智者不做愚蠢事——赶走负面情绪，让心空挂起彩虹

有很多身患绝症的病人，在病症晚期时突然看淡生死，看淡人生的一切，就这样豁然开朗，或者是旅游，或者是实现自己尚未完成的心愿，最终居然奇迹般地痊愈了，或者病情得到了控制。从医学角度来看这就是奇迹，但是从心理学的角度解释，是人的放下帮助人获得好心情，从而也使人的身体状况越来越好，最终达到消除顽疾的目的。尽管这种事情并不经常发生，但是这告诉我们一个深刻的道理，即愉悦的心情对于人的身体健康绝对是有好处的，我们必须让生活充满阳光，从而驱散阴霾，让郁积于心的各种负面情绪全部消失。

生活不尽如人意，阿Q精神更快乐

知道鲁迅先生的人，对于他笔下的阿Q都非常熟悉。阿Q的形象栩栩如生，跃然纸上。不过一直以来，对于阿Q精神，人们的观点却不一致，有人觉得这种精神表现出了民族劣根性，是导致民族堕落的根由；也有人的觉得这种精神看似消极，实际上是非常积极的；更有人认为每个人都应该具备这种精神，才能坦然面对生活，也乐于接受命运赐予的一切。

细心的朋友们在生活中总是能够发现阿Q的身影，也随处都能找到阿Q的精神。阿Q不仅仅是小说中的人物形象，也是无数国民的代表。其实，深入了解鲁迅先生作品的人会发现，阿Q最大的特点就在于，他不管是在愤怒的时候还是遭遇挫折的时候，都会以虚无缥缈的精神胜利法欺骗自己，安慰自己。为此，人们也把阿Q精神称为“阿Q精神胜利法”。从现代心理学的角度出发，人们要想获得愉悦的心情，偶尔的确需要使用精神胜利法安慰自己受伤的心灵。

在鲁迅笔下，阿Q的形象非常滑稽可笑。然而，当时的社会非常黑暗，人们的生活无比艰难，阿Q的确需要以某种特殊的方式帮助自己保持勇气和信心，才能活下去。所以，现代心理学家们也把精神胜利法视为一种自我心理调节的方式，认为其有助于帮助人们调节自身的情绪和心理状态。当然，这是心理学家们已经对精神胜利法取其精华，去其糟粕了，所以才能把精神胜利法积极乐观的一面带给现代的人们。人生不如意十之八九，现实生活中，我们的确

常常因为各种不如意陷入形形色色的负面情绪中，诸如焦虑不安、歇斯底里等。实际上，这些负面情绪之所以出现，都是因为心理失衡导致的。假如我们能够适当运用精神胜利法平衡自己的内心，从而帮助自己摆脱负面情绪，那么我们就能始终保持清醒和理智，也能够更好地解决问题。由此可见，精神胜利法对于调节情绪是非常有效的。

在鲁迅笔下，精神胜利法如同阿 Q 的精神麻醉剂，正是借助于这种自我安慰和自我麻醉的方法，阿 Q 才能始终快乐。当然，我们必须辩证地看待精神胜利法，既要努力上进，改变现状，也要学会自我平衡，保持乐观开朗的心境。如果精神胜利法能够帮助我们变得心胸开阔，那么我们就会减少生气和愤怒的概率，从而使自己更加快乐。

东汉末年，周瑜之所以被诸葛亮气死，在临死之前还感慨“既生瑜，何生亮”，就是因为他心胸狭窄，不懂得运用精神胜利法。当诸葛亮把同样的方法运用到司马懿身上，为司马懿送去“巾帼女衣”羞辱司马懿，司马懿也丝毫不生气，反而笑着告诉别人诸葛亮把他当成女人了。不得不说，司马懿把精神胜利法发挥到了极致，避免了和周瑜一样被诸葛亮气死的噩运。

现实生活中，我们不可能事事都顺心如意，尤其是在人际交往中，常常会遇到恶意中伤和挑战我们愤怒底线的人。在这种情况下，使用心理调节的方法，让自己始终保持愉悦乐观的情绪，就能使那些居心叵测的人在我们面前不战而降。

情绪启示

1. 既然阿Q精神的精华能够帮助我们平衡情绪，消除怒气，我们就应该多多使用这种方法，从而使自己远离愤怒，也使自己在人际关系中如鱼得水。

2. 人之所以愤怒，就是因为心理失衡。实际上，平衡的标准并非来自于外界，而是来自于我们的内心，因而当我们内心获得平衡，愤怒也就彻底根除了。

3. 需要注意的是，我们不能完全像阿Q一样，以精神胜利法麻痹自己，而是应该在获得精神平衡和情绪稳定之后，竭尽所能地提升和完善自我，改变自己的命运和人生。

漫步雨中，也是别样的浪漫

对于人生，每个人都有不同的理解，有人说人生是苦旅，需要不断地修行，在痛苦中锤炼，最终才能获得好的结果；也有人说，人生是美好的享受，是鲜花遍野的旅行，一路上美景欣赏不停，使人尽情感受人生的美好。其实，这两种说法都很极端，因为人生既不会永远都是苦旅，也不会始终一帆风顺。正如一年之中有四季交替一样，人也是在坎坷泥泞和平顺的坦途中交替而行，与幸福快乐和痛苦纠结相伴。所以，我们既要坦然接受人生的美好，也要平静接受人生的坎坷挫折，这样才能做到不以物喜，不以己悲，始终拥有属于自己的人生心情。

抱怨人生的人，最终会发现人生远远不像他想象中的那么糟糕；觉得人生始终很美好的人，也许会意外地发现人生并不是一帆风顺的，很多时候突如其来的灾难往往使人无法面对。然而在风雨泥泞之后，人们又会发现，一切的经历都将成为人生中最宝贵的财富，成为我们人生历程中最坚实的沉淀，最终让人生变得更加厚重。

就像在下雨天一样，有些人坐在家里愁眉苦脸地抱怨天气，沮丧地取消了一切既定的活动；有的人却撑开雨伞，领略雨中不一样的风景，也给予人生与

众不同的经历。所以说，人生之中处处都有烦恼，也处处都有快乐。对于同一件事情，如果采取不同的心态面对，也会产生完全不同的感触和体验。从这个角度而言，我们拥有怎样的人生，实际上更大程度上取决于我们的心态。

很久以前，有个酒鬼在路上捡到了半瓶酒。他把酒瓶拿起来不停地摇晃着，最终沮丧地说："真倒霉啊，好不容易捡到一个酒瓶，里面居然只剩下半瓶酒。"说完，他扔掉了这半瓶酒，垂头丧气地走了，整整一天都没有好心情。次日，又有一个酒鬼路过这里，看到酒瓶，他赶紧走上前去捡起来，看了看，欣喜若狂地说："天啊，我的运气也太好了，居然捡到了半瓶酒呢！"说完，他就高高兴兴地拿着这半瓶酒回家了，好几天都觉得很愉快。同样都是半瓶酒，前一个酒鬼郁郁寡欢了一整天，而且连一滴酒都没有喝到嘴巴里；但后一个酒鬼高兴了好几天，而且还喝了半瓶酒了。当然，说这个故事的目的不是为了怂恿大家都变成酒鬼，而是告诉大家在面对这个世界时，应该怀着积极乐观的心态，这样才能收获更多的幸福与快乐。

很久以前，有个禅师特别喜欢兰花，总是花费很多的时间和精力种植兰花。他的弟子们都知道，禅师爱兰花如同生命。有一次，禅师出门远游，临行前特意交代弟子们帮助他照顾好兰花。弟子们全都谨遵师命，在禅师不在的日子里一直用心照顾兰花。然而，就在禅师即将归来的时候，有个弟子不小心打碎了兰花的架子，所有兰花都被摔坏了。弟子恐惧不已，每天都战战兢兢地等着禅师归来，好向禅师赔罪。

不想，禅师归来之后得知此事，丝毫没有责怪那位弟子，而是告诉所有的弟子们："兰花没了可以再种，好心情没了，就不值得了。我之所以种兰花，是希望每一个生活在这里的人都有好心情，而不是为了找气生的。"禅师的一席话使弟子们茅塞顿开。

失去心爱兰花的禅师不愿意再失去好心情，也不想让弟子们为此战战兢兢。这就是禅师明智的选择。如果他因为失去兰花而愤怒不已，那么他将会失去好心情，还会影响身体健康，甚至失去弟子们的衷心拥护，就更加得不偿失了。其实，人生在世，一切身外之物最终都会被抛下，人们真正得到的就是幸福愉快的感受。

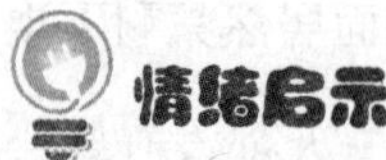

1. 人生短暂，转瞬即逝。真正明智的人，不会因为身外之物影响自己的心情，因为身外之物的占有归根结底也是为了生活得幸福愉快，本末倒置的选择要不得。

2. 当我们每天都以愉快的心情面对人生，我们就会感到人生变得截然不同，即便是阴天或者是阴雨连绵，我们的心中也阳光明媚。

3. 宠辱不惊，闲看庭前花开花落；去留无意，漫随天外云卷云舒。很多人都知道这句话，真正能够做到的人却少之又少，从人生的心境上看，每个人都是人生的修行客。

智慧的人，从来不会被气愤冲昏头脑

愤怒如同病毒一样，不但具有传染性，会影响我们身边人的心情，也能够不断复制，导致一个小小的烦恼顷刻之间就会衍生出无数的烦恼，而且烦恼的威力倍增。一个人即使再强大，也很容易被这些小小的愤怒打倒，而真正的强者则会有效控制自己的怒气，从而避免用他人的错误惩罚自己，也避免因为自身的错误影响身边的人和生存的环境。

现实生活中，很多人都因为小小的烦恼变得愤怒和冲动，这是情绪失控的

明显表现。曾经有哲学家说，一个人一旦愤怒，他的愤怒就会接连升级，如同一个小醉微醺的人，一旦喝多了上了头，就彻底失去自控力，总是一杯接连一杯地把自己灌醉。愤怒就有这样的神奇魔力，会导致人越来越生气，最终歇斯底里，彻底成为愤怒的奴隶。很多人非常明智，在了解愤怒的这个特性之后，他们选择防患于未然，选择把愤怒扼杀在还没有萌芽的时候，这样就从根源上解决了难题。

心理学家经过研究发现，愤怒对于人造成的负面影响远远超乎人们的想象。很多人脾气暴躁，动辄就乱发脾气，这使他们成为人群中的不定时炸弹，随时都有可能因为小小的不愉快彻底爆发。日久天长，那些熟悉他们的人就会因此远离他们，导致他们的人缘很差，人际关系恶劣，从而使生活失去了本来的面目，变得混乱不堪。

人在愤怒的状态中，几乎无法做到平静理智地思考。对于愤怒之中的所作所为，他们尽管能够负责，却完全不知所以。因而在发怒之前，我们必须保持最后一丝理智提醒自己，发泄愤怒的过程固然是非常爽快的，但是承受愤怒的后果却是特别痛苦的。所有人因为愤怒做出荒唐的举动，都只有自己负责和承受。

实际上，我们要想缓解愤怒，首先应该让自己的愤怒点降低。就如同笑点一样，很多人即使遇到不那么好笑的事情，也会因为笑点太低，笑个不停。而有些人呢，笑点很高，必须是非常幽默有趣的事情才能使他们发笑。同样的还有泪点，那么我们就在这里提出一个愤怒点。对于愤怒点高的人，也许是特别惹他们生气的事情，才会导致他们怒气冲冲。但是对于愤怒点低的人，如同我们前文所说的偏执者，哪怕是对于周末去哪里聚餐这样的小事，他们也会怒火中烧地与人争辩，可谓得不偿失。要想提高愤怒点，我们就要开阔心胸，宽容待人，这样才能减少生气的次数，从而使自己变得越来越心平气和。

明智的人知道，对于既成事实，哪怕再怎么懊丧，也是无法恢复如初的。在这种情况下，愤怒非但于事无补，反而会导致自身的情绪更加恶劣和糟糕，也会导致事情因为无法得到及时补救而彻底失败。因此，与其生气，不如笑口常开，这一切都在于选择。

一位妈妈带着孩子去水果摊买水果，看到妈妈不停地挑挑拣拣，小贩有些厌烦地说："大姐，你到底买不买，你把我的水果都快挑烂了。"妈妈毫不生气地说："买的！买的！马上就好，请稍微等一下。"随后，妈妈加快速度挑选好水果，把水果交给小贩称重，并且询问小贩水果多少钱。小贩还在生气呢，因而不屑一顾地说："很贵啊，你买得起吗？"妈妈还是好脾气地说："买得起。你放心吧，给你钱。"说完，妈妈把钱递给小贩。买完水果回家时，孩子问妈妈："妈妈，您平日里性格刚烈，为何看到小贩这么害怕啊？"听到孩子的话，妈妈笑着说："我没有害怕小贩啊，我虽然性格很刚强，但是也要讲道理，也要懂得礼貌待人，这是基本的礼节。我不能因为买了一点儿水果，就让小贩的无礼降低我的高水准啊。"孩子听了妈妈的话，会心地笑了。

这位妈妈显然是一个明智的人，对于值得争辩的事情，她也许会不遗余力地争辩，但是对于不值得争辩的小贩，她表现出良好的风度，也给孩子做出了榜样。

生活中，有很多人会因为不值一提的小事情生气，导致自己的情绪受到影响，而且还会伤害身体健康，实在是得不偿失。一个真正的智者，不会因为生气就变得头昏脑涨，更不会因为生气就彻底失去理智。此外，他们也很少生气，因为他们深知生气是用别人的错误惩罚自己，所以他们不愿意因为生气损失更多。

情绪启示

1. 生气是用别人的错误惩罚自己，当你被别人伤害，还愿意成为别人的帮凶继续伤害自己吗？

2. 生气非但于事无补，还会导致事情朝着相反的方向发展，变得越来越糟糕，可以说生气对于解决问题是没有任何好处的。

3. 学习成为一个智者，成为自己情绪的主人，努力控制自己的情绪，不要因为生气就说那些无法收回的话，更不要因为生气做让自己懊悔不已的事情。

掐断愤怒的导火索，愤怒才能彻底消除

任何情况下，愤怒的产生都是有原因的，一个人不会无缘无故地愤怒，每当感到愤怒或者生气时，一定要及时找到原因，从而从根源上遏制愤怒继续蔓延下去。每当遇到让我们愤怒的事情，愤怒的情绪就会如同泉水一般从我们心底里汩汩流出，在极其愤怒的情况下，愤怒的情绪还会如同滔滔江水奔涌不绝。生活中，人们常说解铃还须系铃人，那么对于愤怒，我们也必须找到根源，才能彻底解决问题，消除愤怒。

当然，很多情况下，愤怒并非从天而降，凭空产生的。愤怒也会渐渐堆积，例如先是小小的愤怒，因为得不到舒缓，导致愤怒不断升级，最终变成大大的愤怒火山，无法遏制地喷发出来。虽然火山爆发的景象是壮观绚丽的，但是火山爆发的后果是非常严重的，愤怒的火山已经爆发，带来的后果也是很恶劣的。所以，为了提前阻止愤怒的火山爆发，我们必须先找到爆发的导火索，从而从根源上解决难题。否则，愤怒的火山一旦爆发，火势就会不断蔓延出去，变得越来越凶猛。

生活中，大多数事情都是当局者迷，旁观者清，唯独愤怒是当局者清楚，旁观者迷。所以，我们要想找到自身愤怒的源泉，就必须认清楚自己的内心。而且，在需要与他人沟通的时候，我们还要积极沟通，这样才能让他们了解我们的感受。很多误会之所以产生，就是因为沟通不到位引起的，尤其是亲密的人之间总是误以为彼此了解，因此导致沟通不到位，使彼此间的关系越来越恶劣。

正在热恋的小梦最近却是郁郁寡欢，原来，随着对男朋友王强越来越了解，她也对王强越来越不满意。王强虽然性格很好，但是是个慢性子，不管做什么事情都慢慢吞吞，这恰恰与急脾气的小梦形成了鲜明对比，导致小梦看着王强，觉得处处不顺眼。

有一次，小梦与王强约好去看电影，小梦足足在电影院门口等了半个小时，王强才到。王强虽然道歉了，但是显然没有意识到这个问题的严重性，因此对于小梦后来很长时间对他爱答不理的，王强根本不知道怎么回事。又有一次，小梦和王强一起吃饭，看着王强慢吞吞的样子，小梦突然就爆发了。王强丈二和尚摸不着头脑，小梦却愤怒地提出了分手。然而，小梦毕竟和王强相处一段时间，已经有感情了，因此在王强的再三挽回下，小梦才说出原因："你总是这么磨磨蹭蹭的，而且约会还迟到。"听到小梦的抱怨，王强马上表示自己一定会改的，果不其然，爱情的力量是伟大的，王强最大限度地改变自己，小梦也对王强越来越满意了。

其实，小梦这次爆发一则是因为觉得王强性格太慢，二则是因为自己心里始终怀着怒气，没有使怒气得到及时的消除。别说像小梦和王强这样的情侣了，即便是夫妻之间，也往往会因为沟通不到位，导致怒气郁积于心，最终酿成恶果。任何时候，当我们感受到内心的愤怒时，一定要采取积极的态度消除

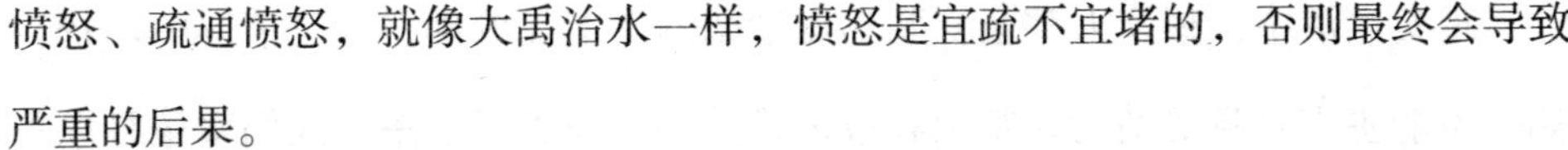

愤怒、疏通愤怒，就像大禹治水一样，愤怒是宜疏不宜堵的，否则最终会导致严重的后果。

人们常说，人在生气的时候，如同感冒发烧一样头昏脑涨，甚至心神不宁，无法正常地生活和工作。既然我们已经意识到愤怒的严重后果，就应该在怒火攻心的时候进行积极的反思，这样才能掐断愤怒的导火索，从而使自己的人生远离愤怒，收获快乐。

情绪启示

1. 愤怒也是有导火索的，只有提前掐断愤怒的导火索，才能避免愤怒的火山爆发，也才能避免愤怒的火势不断蔓延。

2. 心理学家认为，要想彻底消除愤怒，就一定要找到愤怒的根源所在。只有从源头上消除导致愤怒的因素，我们才能真正远离愤怒。

3. 很多人都梦想着获得成功，遗憾的是，很多人即便尽最大努力，也依然与成功失之交臂，这并非是因为他们自身的欠缺，而是因为他们不能很好地主宰情绪，控制自己的怒气，最终才会错失成功。

世界并不缺少快乐，只是缺少发现快乐的眼睛

前文说过，愤怒是会蔓延的。其实，不仅愤怒会蔓延，很多诸如此类的不良情绪都会肆意蔓延，最终反客为主，控制我们的心绪，主宰我们的人生。也许有些朋友会说，情绪怎么可能主宰我们的人生呢，这样的说法未免言过其实了吧？实际上，这种说法毫不夸张，因为大多数人压根没有意识到，不良情绪对我们的生活和工作将会产生多么严重的影响和恶劣的后果。

现实生活中，很多人都会受到不良情绪的影响。的确，人是情感的动物，如果不能主宰自身的情绪，则很容被情绪控制。在愤怒之中，人们就像身患重感冒一样，郁郁寡欢。现代社会有很多人都身患抑郁症，也是因为受到不良情绪的影响。其实，和预防感冒的道理一样，我们也可以预防不良情绪的产生。怒由心生，假如我们不愿意生气，是没有人能够强迫我们生气的。所以要想控制不良情绪，我们首先要保持冷静和理智，学会镇定自若地思考。尤其是在不良情绪开始表现出来时，我们一定要告诫自己始终保持心平气和。对此，有很多人都有不同的方法。例如，美国总统林肯每次因为某人感到生气时，就会怒气冲冲地写一封信，在信上肆无忌惮地指责和咒骂那个人，发泄自己的情绪。等到信写好之后，他并不会把这封冲动的信寄出去，而是把信撕毁。此时此刻，他因为已经完全发泄了不良情绪，所以不再怒火中烧，也能够做到相对平和地再次提笔写一封充满理智的信，解决问题。

其次，还要端正心态，让自己拥有一双发现快乐的眼睛。这个世界上并不缺少快乐，只是缺少一双发现快乐的眼睛。当我们的心变得快乐，我们也会随之快乐，当我们平静自己的心绪，我们的心态才会变得更加平和。著名的石油大王洛克菲勒，曾经因为一位主管的失误，遭遇巨大的经济损失。在与那位企图逃避责任的主管针对这件事进行交流前，洛克菲勒所做的不是核算具体的经济损失，而是在一张纸上列举了那位主管所有的优点，从而得出一个结论，即那位主管一直以来为公司创造的巨大效益，比他对公司造成的损失大得多。由此一来，洛克菲勒自然不会刁难那位主管，而是给予了那位主管新的机会，让他继续为公司服务。

其实，洛克菲勒的行为就是在发现和寻找快乐。假如他对于那位给公司造成重大经济损失的主管非常愤慨，而且想到的全都是那位主管的缺点和不足，那么他也就无法想起那位主管的任何优点。在这种愤慨的情绪支配下，他必然任由愤怒的火山爆发，导致严重后果。相信那位主管在得到洛克菲勒宽容的对待之后，也一定会端正工作态度，绝不再犯同样的错误。

人非圣贤，孰能无过。任何时候，我们都要宽以待人，严于律己，才能与他人搞好关系，也才能得到他人的认可和尊重。最重要的是，面对他人的错误，我们也能够做到清醒理智，宽容友善，不对他人做出任何刁难之举。

通常情况下，生气是因为人们的尊严或者利益受到伤害之后产生的激动情绪，而且，这种状态是很难恢复正常的，必须给予充分的时间，才能渐渐消散。因而，为了阻止不良情绪蔓延，我们一定要保持冷静理智，还要尽量辩证地看待问题，尽量发现他人的优点，从而帮助我们平息心情，冷静处理事情。

情绪启示

1. 当我们拥有一颗快乐的心，我们也就会距离快乐越来越近。当我们拥有一双发现快乐的眼睛，我们才能在世界上寻找到更多的快乐，从而拥有快乐的人生。

2. 生气是人性的弱点，要想成为真正的强者，我们就要战胜弱点，真正超越自我，主宰自我。

3. 真正勇敢的人，不会在事到临头以生气为借口逃避，以愤怒作为掩饰，而是会正面面对问题，想方设法弥补损失，圆满地解决问题。

生气，是用别人的错误惩罚自己

人们不但会生别人的气，也常常会生自己的气，而且不管生谁的气，都会非常认真，绝不妥协，也绝不打折。生别人的气，一定是因为别人伤害了我

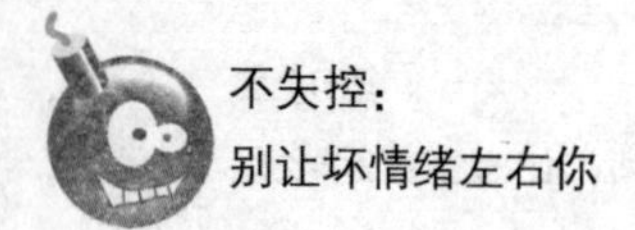

们，但是生气使别人对我们的伤害继续加深，导致我们受伤更加严重。生自己的气，是因为自己做错了事情，虽然要认真处理、严格对待，但是生自己的气也是没有意义的，只会导致气大伤身，而且继续受到负面情绪的恶劣影响。从这两个角度而言，不管是因为别人还是因为自己，都不要生气，因为生气根本于事无补，只是在惩罚自己而已。当自己因为气愤而头脑发昏时，最终的结果就是其他事情也会变得很糟糕，恶劣的结果在不断蔓延。

佛家有云，一切烦恼皆来自于我们的内心。很多喜欢生气的人，都是因为他们心中有“气团”，那么这些气团究竟从何而来呢？其实，每个人生气都是有形形色色的原因的，诸如遭到朋友的误解，受到不公正的待遇，或者是被别人欺骗等等，这些原因都会导致人们生气。但是大多数情况下，生气最终的结果并不美好，原本可以避免的事情，最终因为生气而两败俱伤，无法挽回，反而损失惨重。

很久之前，有位女士心眼比针尖还小，总是因为各种各样的琐事生气，渐渐地，她的脾气越来越大，到了无法控制的地步。日久天长，她的身体出现不适，经过医生诊断，她居然因为长期气结于心和暴怒不止，导致心脏受损，患了严重的心脏病。看到医生的诊断单，这位女士才彻底意识到“生气是用别人的错误惩罚自己”的意思，因而突然之间性情大变。面对自己衰弱的心脏，原本那些困扰她的事情全都变得不值一提。诸如，她曾经因为孩子早晨不愿意起床导致上学迟到生气，因为孩子无法认真完成作业生气，因为丈夫忙于工作回家太晚生气，因为邻居不懂得礼尚往来生气……总而言之，曾经的她因为各种各样的原因就会暴怒，而且还会为此郁郁寡欢很长时间。但是现在呢，她觉得孩子只要有健康的身体，偶尔睡个懒觉也没什么，作业完成的不好也不是大不了的事情，而且丈夫忙于工作也是为了这个家，邻居既然不喜欢礼尚往来就不再交往好了。所谓病来如山倒，病去如抽丝，这位女士足足养了好几年，心脏

的情况才渐渐稳定，她也逐渐找到了生活的真谛。

因为生别人的气，尤其是无关紧要的邻居、同事或者陌生人，导致自己的身体健康状况急剧恶化，可谓得不偿失。遗憾的是，这位女士直到身体发出严重警告，才明白这个道理，也才能够心甘情愿地收敛脾气，远离怒气。幸好，命运给了她机会改正，她并没有像历史上的很多人那样被活活气死，最终以正确的心态对待坎坷的人生，也不再因为日常琐事而感到烦恼不堪了。

正如人们常说的："世上本无事，庸人自扰之。"其实，很多人到了生死关头才看淡一切。倘若人们能够早些知道和生死相比，一切事情都不足挂心，那么人生也就会多一些幸福快乐，少一些烦恼忧愁。

情绪启示

1. 对于任何人而言，最大的福气就是身体健康，平平安安。可惜，大多数人在享受岁月静好的时候，总是要片刻也不停歇地折腾，似乎唯有如此，才能获得想要的一切。直到最终才幡然悔悟，原来曾经所拥有的就是最好的。

2. 生气是用别人的错误惩罚自己，既然你已经受到了别人的伤害，就不要继续充当别人的帮凶惩罚自己。

3. 人非圣贤，孰能无过。我们会犯错，别人也会犯错。对于他人有心或者无心造成的一切伤害，不如一笑置之，这样你的人生才能始终阳光灿烂，毫无阴云。

清除成功路上的负面情绪

负面情绪不但会影响我们的心绪，危害我们的健康，也会成为我们成功路上的阻碍。所以有人曾经说过，人的一生就是不断与自己的负面情绪作斗争的过程。尽管这句话听起来有些偏激和夸张，但是实际上蕴含着深刻的道理，也的确是人生的真实写照。

人只要活着，就总会产生各种各样的情绪，如果是积极乐观的情绪当然会对我们的人生起到推动作用，但是如果是消极悲观的情绪，就会导致我们的人生受到影响，甚至停滞不前。虽然情绪看不见摸不着，但是对人生带来的影响确实是存在的。每个人都梦想着成为强者，获得成功的人生，这就要我们学会控制自己的情绪，弄清楚自己人生旅程中产生的“气团”，这样才能让我们的人生之路更加顺遂。在西方国家中，有个神在路上走着，看到路中间有个袋子。这个神觉得袋子挡在道路中间很碍事，所以走上前去对着袋子踢了两脚，没想到原本不起眼的小小袋子，居然鼓起来了。神更加生气，又对着袋子狠狠地踢过去，导致袋子越来越大，最终彻底变成小土丘那么大，把原本宽阔的道路都堵住了。后来，这个神才知道那个袋子里装着的是愤怒，越是受到打击，就越是变大。

在2006年举行的世界杯足球赛上，法国与意大利队角逐冠军。在加时赛中的最后十分钟，因为遭到意大利球员的挑衅，法国大名鼎鼎的球星齐达内突然不顾一切地撞向对方的球员。这个冲动之举不但使法国队彻底与冠军绝缘，而且还导致齐达内的足球生涯结束。不得不说，齐达内的命运就是因为负面情绪的突然爆发，彻底改变。

假如齐达内能够保持冷静和理智，及时消除自己的负面情绪，那么他也许能够和其他队员一起，赢得世界冠军。遗憾的是，他被打败了，他既败在那个故意挑衅他的球员手中，也败在自己的负面情绪之中。但是无论他败在哪里，最终的结果都使人遗憾。

不仅是齐达内，世界冠军路易斯在1965年参加在美国纽约举行的世界台球

冠军争夺赛上，因为一只苍蝇，与冠军失之交臂。在那次比赛中，路易斯始终不遗余力地展现实力，但在即将赢得整场比赛时，为了驱赶落在主球上的一只苍蝇，变得心浮气躁。说来也奇怪，那只可恶的苍蝇似乎故意与路易斯作对，路易斯几次挥手驱赶苍蝇，苍蝇都在他再次准备击球的时候落在主球上。几次三番与苍蝇周旋的路易斯，最终在发现端倪的观众的笑声中，失去耐心，情绪恶劣，居然用球拍驱赶苍蝇，导致主球移动，由此失去了一轮机会。就这样，路易斯与冠军失之交臂，使观众们全都扼腕叹息。这就像是西方传说中的那个神，在路上遇到了不断胀大的气袋，最终的结果是整条道路都被堵塞。

朋友们，在漫长的人生路上，你们是否也经常被负面情绪困扰呢？为了帮助自己消除负面情绪，我们一定要记住在任何情况下保持冷静和理智。要知道，负面情绪就是我们的心魔，我们唯有战胜心魔，才能成为自己的主宰，也才能赢得人生的成功。

尤其是在距离成功越来越近的时候，大多数人都会变得心浮气躁，反而失去了最初的淡定平和。在这种情况下，一定要及时按下情绪的暂停键，才能给予我们心中的“气团”足够的时间消失，从而帮助我们再次恢复平静，追逐成功。

情绪启示

1. 叫停。当感受到自己的情绪濒临失控时，一定要及时叫停，就像按下暂停键一样，让我们的情绪列车戛然而止。

2. 想一想。所谓宁停三分不抢一秒，这个道理不但适用于交通通行，也适用于我们调整情绪。

3. 最后再做。当我们在时间的流逝中恢复了平静和理智后，才能稳妥地做出选择，进而圆满地解决问题。

第05章

学会倾吐“闷气”——赶走心中的雾霾，让快乐常在

一个人要想幸福快乐地生活，不但要有健康的身体，还要有愉悦的心情。正如医学界所说的，很多疾病都是因为不良情绪导致的，一个人如果总是郁郁寡欢，有任何不高兴的事情都郁结于心，就会始终怀有闷气，导致自己心情不好，甚至影响身体的健康。因而，一个真正懂得养生，也懂得享受生活的人，绝不会时时刻刻与自己作对，而是热情地拥抱生活，尽情地享受人生。

分享忧愁，忧愁就会一分为二

对于积极乐观、性格直爽的朋友而言，生闷气是很少见的情况，因为他们只要觉得心里不痛快，就会向他人表达自己的内心，也把自己心中愤怒和忧愁及时发泄出来。然而，对于那些非常内向且自卑的朋友而言，生闷气就变成常有的事情。他们很少向他人表露自己的内心，即便有了不愉快，也会闷在心里，最终成为郁结之气。

从身体和心理健康的角度来说，每个人都应该学会表达自己，尤其是在有了负面情绪之后，一定要学会排遣，从而更好地舒缓自己的心情。当然，宣泄情绪的方式有很多种，其中，向他人倾诉是最好的一种方式，而且行之有效。正如人们常说的，快乐与人分享，会变成双倍的快乐，忧愁与人分享，就会减半。由此可见，人际关系不但对于我们的人生起到重要的影响，而且对于我们的心绪也会起到良好的平衡和稳定作用。诸如很多女性都有闺蜜，不管有什么事情都会和闺蜜倾诉，很多男性也都有自己的铁哥们和死党，因而遇到事情的时候可以和哥们一起唱歌喝酒，烦恼和忧愁瞬间就被抛之脑后。再说，三个臭皮匠还抵个诸葛亮呢！和朋友在一起出谋划策，也的确能够对事情的解决起到切实的帮助作用。

不过，生活中也不乏有些人虽然不内向，但是在承受痛苦的时候，不愿意与他人分担。究其原因，他们非常爱面子，看重自尊，因而总是默默承受一

切，伪装坚强。不管自己多么烦恼和忧愁，他们总是对自己的烦恼讳莫如深。当他们终有一日因为再也无法承受下去而彻底爆发时，身边的人才会惊讶地发现，原来整日都乐呵呵的他们，在心底隐藏着那么多的忧愁和悲伤。当然，这种突然爆发的后果也是非常严重的，就像火药一样，越是大剂量的火药，越是容易产生强烈的破坏性。愤怒也是如此，唯有及时消除，才能避免酿成大祸。除此之外，从人际关系的角度而言，只要我们不把其他人当成自己的情绪垃圾桶，适时适当地向他人倾诉我们的情绪，我们就能够赢得他人的信任，与他人之间建立良好的关系。

近来，陈佩遇到了很大的困难，不但工作进展不顺利，而且与上司之间关系恶劣，最终受到雪藏。对于人到中年的陈佩而言，这样的现状让他感到非常苦闷，为此，他变得越来越沉默，即使下班回到家，也会一个人躲在书房中，直到很晚才入睡。

看到陈佩这个样子，不明就里的妻子也很郁闷。她每天在家里操持家务，还要照顾孩子和老人，也很辛苦，只想等着陈佩回家之后能够和她说说话，两个人都好好放松一下。然而，看到陈佩愁眉不展、沉默不语的样子，妻子越来越生气，几次三番问陈佩怎么了，陈佩都闭口不言。终于，妻子忍不住发作了，怒吼道：“你到底是怎么回事啊！难道我劳累操劳了一天，还要看着你这张驴脸吗？”听到妻子的抱怨，陈佩也忍不住爆发，说：“难道我辛苦工作一天，在外面点头哈腰的，回家还要对着你赔笑脸吗？你愿意看我就看，不愿意看我就滚蛋，没人强留你！”妻子一气之下，收拾东西带着孩子回了娘家。陈佩感到懊悔不已，人到中年，如果自己失去了事业，再失去家庭，岂非一无所有吗？而且，平心而论，妻子的确没有任何过错，还默默无闻地为这个家付出了很多。想到这里，陈佩在微信上和妻子讲述了自己最近的工作难关，妻子这才知道陈佩在外面受了很多委屈，因而也变得非常理解陈佩，带着孩子回到家里，而且还安慰陈佩："没关系，工作不高兴的话，咱们就换一份工作，反正只要咱们一家人在一起平平安安的就好。如果实在不想干了，你就辞职休息一段时间，毕竟这些年来你为了这个家一直在工作，也需要休息休息了。"听到妻子体贴的话语，陈佩感动不已，充满勇气。是啊，只要有妻子在他身后，只要有这个幸福的三口之家，他就没什么可怕的。

很多夫妻关系之所以变得冷漠，也许只是因为丈夫或者妻子，最开始有了烦恼的时候，因为不想让爱人跟着担心，所以选择了隐瞒和沉默。殊不知，夫妻一定要相互分担和支持，一起承受生活的风风雨雨，才能最终赢得相互理解和尊重。因而朋友们，在面对自己最亲密的人生伴侣时，一定要毫无保留地倾诉自己的内心，也要非常理解和尊重自己的伴侣，这样才能经营好夫妻关系。当然，对于亲人、朋友甚至是同事，我们也要及时与对方针对某些事情进行沟通，这样才能表现出我们对他们的信任，也才能与他们建立亲密无间的关系。所谓当局者迷，旁观者清。很多事情也许身边的人比我们看得更加清楚，也更能给我们中肯客观的建议。这样一来，我们不但疏通了自己的情绪，也使问题得到了圆满解决。

1. 人生在世，每个人都需要有朋友，哪怕是无恶不作的秦桧，也需要和朋友倾诉自己的苦恼，分担自己的忧愁，更何况是我们呢？

2. 为了化解自己的愤怒，我们必须学会倾诉，这样才能及时消除内心的愤怒，与好朋友分担忧愁，也与好朋友建立相互信任的关系。

3. 不要怕欠人情，今天你和朋友分担忧愁，明天朋友有了不开心的事情才会告诉你，这和礼尚往来的道理是一样的。一来二去，你和朋友之间的关系也会越来越亲密的。

不生闷气，让自己时刻保持好心情

现实生活中，几乎每个人都会面临情绪的波动。有些人选择及时宣泄自己的情绪，从而保持愉悦的心情，但是有些人恰恰相反，他们不愿意把内心的苦楚向别人诉说，把一切痛苦都隐藏在心里，导致心中的郁闷之气越来越多，不但影响自身的心情，也会影响自己的身体健康，更会在无形中把这种郁郁寡欢的情绪带给其他人，从而导致人际关系变得越来越糟糕。

喜欢生闷气的人往往都是心胸狭隘的人，他们和那些大大咧咧、对凡事都不计较的人完全不同。他们心思细腻，总是动不动就生气，而且当他们把气愤闷在心里，这种情绪就会不断发酵，导致他们越来越愤怒，最终彻底爆发。和有了闷气及时消除相比，等到气愤达到一定程度，如同火山爆发一般发泄出来，后果往往更加严重。其实，细心的朋友会发现，很多人之所以生闷气，并非因为事情真的使人生气，而是因为当事者心胸狭隘导致的，他们自身的弱点使得他们一遇到不高兴的事情就在心中形成了迈不过去的坎，从而使一切事情都变得非常糟糕。因而朋友们，我们要想拥有幸福快乐的人生，要想善待自己，就必须学会调整自己的心态，让自己变得更加积极乐观，不要生那些无所谓的闲气和闷气。

古人曾经说过，人生百病就是因为气结于心。正所谓气大伤肝，忧虑伤肺，生闷气的人不但感到愤怒，而且会因此陷入忧愁之中，导致身体健康受到极大影响，严重的还会导致身体内分泌失调。诸如很多身患严重胃溃疡的人，就是因为长期生气导致的。在现代社会，生活节奏越来越快，生活压力越来越大，很多人终日奔波，疲于生活，导致压力倍增，因而现代人中肠胃不好的人越来越多，这一是因为饮食不规律，二是因为精神压力过大、忧思过重。此外，长期郁郁寡欢，还会导致心脏失常，血压升高，也会导致思维越来越迟钝。试想，对于这样一个病恹恹的且浑身充满负能量的人，谁愿意与其交往呢！因此，朋友们，要想拥有好身体、好心情和好人缘，我们必须学会善待自己，千万不要把气闷在心里。

买房子，原本是应该高兴的事情，但是刘欣感受到巨大的压力，每天都愁眉不展的。原来，刘欣是贷款买房，每个月都要承担七八千元的月供，这是她老公的工资。这样一来，养家糊口的重任自然落到刘欣的身上，想到自己至少要保证六千元以上的收入，才能养育孩子，承担起家庭开销，从事销售工作的刘欣就觉得压力大。在对待客户的时候，她因为急于成交，变得急功近利，无法心平气和地等待客户自己做出决定。结果，心急如焚的她非但没有在工作上有更好的表现，反而因为急躁得罪了客户，导致业绩直线下降。

如此半年之后，刘欣觉得左腹部疼痛，因而去医院检查身体，居然发现有卵巢囊肿。因为卵巢囊肿没有达到手术指标，所以医生要求刘欣进行保守治疗，并且建议她看看中医调理身体。在见到老中医之后，刘欣说了自己的情况，出乎她的预料，老中医并没有过多地询问她的病情，而是询问她的生活情况。在得知刘欣因为买房感到无比焦虑之后，老中医说："我建议你，一定要放宽心态。买房是高兴的事情啊，有多少人想成为房奴都没资格呢！而且，你们也预留了一部分应急的钱，这样也不至于因为短期收入波动导致中断还月供。因此，你一定要积极乐观，这样你的病也就会不治而愈了。"刘欣不明白老中医的话，疑惑地问："我的卵巢囊肿和买房有关系吗？"老中医笑了，说："和你买房原本是没有关系的，但是和你的心情却息息相关。你只有保持情绪愉悦，你的气才不会郁结于心。其实很多人体疾病，尤其是女性疾病，都和情绪有关。诸如卵巢囊肿和乳腺小叶增生，都与压力、紧张焦虑的情绪密切相关。"医生的话使刘欣恍然大悟。才刚刚还了半年月供，房子还没住上呢，

如果自己有个三长两短，那么丈夫一个人可承担不起。所以，她决定要开开心心的，毕竟她身边的很多朋友还付不起首付贷款买房呢！

很多情况下，人体的一些慢性疾病与情绪都是密切相关的，尤其是当一直生闷气、承受巨大压力时，身体更会发生不易觉察的变化。所以朋友们，当你们感受到自己的心里如同压上了一块沉重的大石头，一定要引起警惕，千万不要任由自己郁闷下去。越是生气，你心里的石头就会变得越沉重。外界的力量无法帮助我们消除这样的压抑感，唯有我们自己改变心态，让自己变得积极乐观起来，才能如释重负，获得轻松和快乐。

如果你不想把私人事情或者郁闷焦虑告诉身边的人，有很多心理门诊能够为你提供宣泄的渠道。心理医生是专业的，更能够帮助我们解开心结，疏通心中的闷气，从而使我们的人生豁然开朗。

1. 不管什么时候，都不要生闷气。如果太生气了，可以爆发出来，虽然这样也许会导致糟糕的结果，但是也比把自己闷出病来好得多。

2. 当然，宣泄和爆发也要区分时间和场合，在很多时候，我们只能选择忍耐，尤其是在发泄的结果是我们无能承担的时候。

3. 生闷气无异于自己与自己较劲，生活中有很多聪明人从来不生闷气，他们会调整好心态，努力帮助自己恢复最佳的状态。

4. 当你时刻保持好心情，你的人生也会变得阳光灿烂。

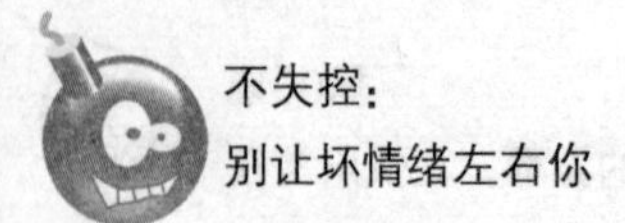

快乐生活，远离郁郁寡欢

一个人长期生闷气，谁才是牺牲品？是引起他生闷气的人或者事情吗？在回答之前别忘记这是生闷气，他并没有把闷气说出来，更没有冲着那个使他生气的人或者是招致他愤怒的事情发泄出来，因而对方压根不知道他在生气。这就像是一个人一生之中都在仇恨中度过一样，引起他仇恨的人早就已经把事情抛之脑后，所以他的仇恨丝毫没有伤害对方，反而是一直把自己囚禁在仇恨之中，得不到解脱。生闷气的人也是如此，他始终在生闷气，但是对方毫无所知，所以他除了使自己陷入闷气之中以外，没有任何好处。

现实生活中，我们常常把愤怒表达为“发脾气”和“生闷气”。所谓“生闷气”，顾名思义就是把愤怒压抑在心里，绝不表现出来，这与我们所说的“赌气”差不多，即一个人在生另一个人的气，却压抑自己不表现出来，更不告诉对方自己在气些什么。所谓“发脾气”，就是把心中的愤怒表现出来，或者使用语言，或者使用身体的动作等，发泄自己所有的愤怒。常常有人觉得发脾气会伤害和气，但是一味地生闷气，就一定不伤和气了吗？很多时候，我们把愤怒隐藏在心里，反而更容易伤了和气，最终对方不知所以，对气愤的我们产生误解，最终事与愿违。而且有的时候，我们发脾气也是为了对方好，在这种情况下，我们更应该勇敢地发泄出来，也许如同狂风骤雨般发泄完脾气之后，一切就都能够心平气和了。

小娜结婚前，妈妈叮嘱她：“女儿，你在家里是爸爸妈妈的宝贝疙瘩，爸爸妈妈什么都可以依着你。但是结婚之后，你就成为你婆婆的儿媳妇，不管你婆婆对你多么好，你都要注意收敛自己的坏脾气，千万不要像对我和你爸爸这样对你公公婆婆颐指气使啊！即使受到什么委屈，也要忍耐，不要总是口无遮

拦。从此之后，你就要长大了，再也不是无忧无虑的小女孩了。”听了妈妈的话，小娜重重地点点头。

果不其然，正如妈妈所说的，一旦结婚了，一切就都改变了。结婚之前，婆婆对小娜怎么看怎么喜欢，但是与小娜在一起生活后，婆婆发现了小娜的很多缺点，诸如爱睡懒觉，不喜欢收拾房间等。有一次，婆婆批评小娜：“我刚刚结婚的时候，还要早起给公婆做早饭呢！当然，你们年轻人工作辛苦，我也不要求你遵守媳妇的本分，但是至少要早些起床，把我辛辛苦苦给你做的早饭吃掉啊！”就这样，生活中的小矛盾不停暴露，婆婆偏偏是个心直口快的人，有什么说什么。小娜呢，因为牢记妈妈的教诲，不管婆婆说什么，也无论婆婆说得是对还是错，她都点头表示认可。小娜越来越抑郁，终于有一天忍不住在婆婆批评她的时候，与婆婆大吵一架。

其实，对于心直口快的婆婆，小娜这样忍耐着，根本无法解决问题。如果她能够遵循自己的本性，把自己的想法和意见对婆婆开门见山地说出来，也许反而能够更好地解决问题，也不会像现在这样爆发愤怒的火山，导致与婆婆的关系急速恶化。

人有自己的独特性格和情绪脾气。在遇到不如意或者不开心的时候，人们出于本能，会情不自禁地抱怨，或者发脾气，这都是无可指责的。和肆无忌惮地爆发坏脾气相比，正常的发泄愤怒理所应当。所以朋友们，不要总是养成生闷气的习惯，唯有把郁结于心的坏情绪及时疏通，才能拥有好心情，也才能保证心理健康。

当然，一个人不会无缘无故地生气，每个人都有自己的情绪，所以一味地压制自己的愤怒，反而会导致事与愿违，使怒气不断积压最终忍无可忍地爆发出来。我们一要调整自己的心态，让自己拥有好心情；二要适当控制自己的愤怒；三要学会恰到好处地发泄自己的愤怒。很多西方国家的心理学家指出，人宁愿发脾气，也不要生闷气，因为生闷气对于人的身体和心理的影响更加恶劣。为此，有很多机构设置了专门的情绪宣泄室，帮助人们及时发泄愤怒，这样也有利于人际关系的发展。

1. 正如人们常说的，有人的地方就有江湖，任何时候，人与人之间的关系都不会是完全和谐的。人与人之间交往，总会产生各种各样的矛盾，假如遇到任何不开心的事情就生气，那么生活除了生气，还会剩下些什么呢？

2. 生气的时候，与其郁结于心，不如发泄出来，这样我们才能及时疏通自己的情绪，也使自己变得更加快乐。

3. 生闷气不但对自己的身体和心理健康不好，也不利于人际关系的维护，毕竟如果对方不知道你为什么生气，就根本无法让你消消气。所以说，生活中偶尔争吵并非坏事，也许反而能够促进沟通呢！

自我解嘲，也是幽默的好方式

人的情绪之所以产生波动，本质原因就是心理失衡。人的心理平衡是非常微妙的，很容易被打破，有的时候是因为突如其来的意外，有的时候是因为别人无心的一句话。既然生活不如意十之八九，而且在与不同的人交往时，我们难免会因为各种各样的原因感到愤愤不平，那么我们最好的方式就是帮助自己保持心理平衡，从而也使自己的心更加平静从容。在与人交往中，具有幽默能力的人往往更受欢迎，这是因为他们很擅长运用幽默的方式表达自己，也会使用幽默的方法发脾气。

众所周知，哪怕是同一句话，若使用不同的方式说出来，也许就会产生截然不同的效果。诸如父母辛辛苦苦地做了一桌子丰盛的美食，但是孩子只吃了几口，就推说身体不舒服不愿意再吃了。这个时候，父母与其生气地批评孩子不好好吃饭，不如以幽默的语气说：“怎么了，尊贵的女士，难道今天的饭菜不合你的胃口吗？”这样一来，虽然说话的语气不严厉，但是父母委婉地表达了自己的愤怒，从而使子女能够意识到父母的辛苦，也理解父母的良苦用心。

现实生活中，每个人都难免会遇到尴尬难堪。在这种情况下，与其生气，不如冷静理智地面对，以化解自身的尴尬。实际上，幽默是自我调节的良药，也是与他人交往的撒手锏。一个懂得幽默、懂得自我解嘲的人，不但能够化解自身的尴尬，也能够化解他人的尴尬，从而使得人际关系更加和谐融洽。

美国人登陆月球的消息震惊了全世界，也使全世界为之关注。当时，阿姆斯特朗和奥德伦都是登月宇航员，但阿姆斯特朗首先踏出迈上月球的第一步，因而被人们赞颂为“一个人的一小步，全人类的一大步”。在记者招待会上，有位记者哪壶不开提哪壶，偏偏问奥德伦：“阿姆斯特朗作为登上月球的第一个人，受到全世界的关注，您对此感到遗憾吗？”随着这个问题的提出，在场的人都陷入沉默之中，就连阿姆斯特朗都脸色陡变，感到很难堪。不想，奥德伦依然面色平和，不以为然地笑着说：“这没关系，要知道，我可是踏上地球的第一个人啊！在返回地球的时候，我第一个爬出太空舱。”说完，奥德伦环顾在场的一百多位记者朋友，笑着说：“我是地球上来自其他星球的第一个人！”听到奥德伦自我调侃的话，记者朋友们全都哈哈大笑起来，爆发出雷鸣般的热烈掌声。

毫无疑问，那位记者的提问颇有些不怀好意的意味，明摆着是想让奥德伦面上无光。幸好，奥德伦非常机智幽默，进行自我调侃，从而化解了自己的尴

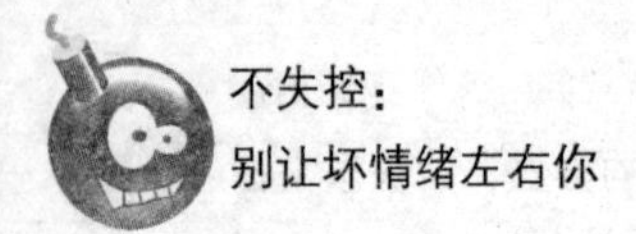

尬，也缓和了现场氛围了。这样，现场的人们都被他的风趣幽默征服了，而奥德伦也能得以全身而退，保全颜面。

在适当的场合进行自嘲，能够起到好的沟通效果。很多名人备受关注和瞩目，也正是通过这样的方式更好地与他人进行沟通，化解自己的尴尬。不过我们必须记住，不管是幽默也好，自我解嘲也罢，最终的目的都是促进沟通。因而在使用幽默的方法进行沟通时，我们必须把握适度的原则，而且要掌握好时机。凡事只有恰到好处，才能起到最佳效果，否则就会事与愿违。

情绪启示

1. 很多时候，自我解嘲是对自我的嘲讽，所以要暴露自己的缺点和不足。这必须要足够自信，才能做到自己调侃自己。

2. 自我解嘲不是自我贬低，而是有自信的人用自己的缺点调侃自己，所以和自我贬低以取悦别人是完全不同的，我们要区分这两者之间的关系。

3. 要具有幽默的精神和能力，才能恰到好处地把自我解嘲发挥到极致。

做自己喜欢做的事情，让闷气一消而散

人生的本质是什么呢？有人说是幸福快乐，有人说是烦恼忧愁，有人说是接二连三的困境，实际上，人生的本质就是无数颗小小的念珠，或者是幸福快乐，或者是烦恼忧愁，或者是接踵而至的挑战，总而言之，人生永远都不可能一帆风顺，这也注定了我们在一生之中要经历各种或积极正面或消极负面的情绪。生活中，很多人遇到不快都会痛痛快快地发泄出来，也有些人会选择生闷气。殊不知，一旦开始生闷气，人们就会陷入不良情绪之中，因为别人不知道

也不理解他们的感受，他们自己忧愁苦闷，整个人都变得郁郁寡欢。为了排遣内心深处的苦闷，我们即便不愿意向他人倾诉，也要寻找能够帮助自己发泄怒气的方式。对于任何人而言，只有排遣自己的怒气，才能变得轻松起来。

培根曾经告诫人们，无论多么愤怒，都不要因为冲动做出让自己终身懊悔的事情。的确，就像说出去的话如同泼出去的水再也收不回来一样，很多事情一旦做了，也会无法挽回。为了避免培根所说的做出让自己懊悔的事情，曾经的美国总统林肯，不管多么生气，都不会对他人发泄自己的愤怒，而是选择写信的方式，从而避免与他人的关系变得无法挽回。同样是美国的前总统，里根的性格非常温柔和气。偶尔，他也会因为愤怒发脾气，每当此时，他就会扔掉自己的铅笔或者眼镜，尽管因此蒙受了小小的经济损失，但是他能以此发泄自己的情绪，从而使自己保持理智平和。他还开玩笑地告诉侍从：“看看吧，我考虑得多么周到，每次发脾气扔东西，都扔在近处，这样等到消气了，就能很方便地捡起来，心情也会很好。”

从本质上来说，所谓的放松就是做我们喜欢做的事情，让我们心情愉悦，这样自然能够排遣压力，我们的心情也会变得越来越好。我们的心情好了，还能避免把负面情绪带给其他人，从而也净化了我们的人际交往环境，使得我们的人际关系更加和谐融洽。

很久以前，在西藏，有个叫艾迪巴的人每次与人生气的时候，都会停止争执，迅速跑回自己家里，围绕着自己的小房子和少得可怜的土地飞速地跑三圈，然后他坐在田地边气喘吁吁。等怒气全消后，认真生活，努力工作。随着艾迪巴的不断努力，他的土地越来越多，房子越来越大。每次在与他人发生不愉快时，他依然和以前一样绕着自己的房子和土地奔跑三圈。认识艾迪巴的人都很疑惑，不知道他为什么要这么做。但是不管人们怎么询问原因，艾迪巴就是不愿意说。

渐渐地，艾迪巴越来越老了。有一天早晨，他又生气了，居然拄着拐杖开始绕着房子和土地不停地走着，直到日上三竿，他才气喘吁吁地走完三圈，一个人坐在田边喘息着。他的孙子在身边恳求他：“阿公，你已经年纪大了，这附近没有人的土地比你更多，您不能再像从前，一生气就绕着跑啊！您可不可以告诉我这个秘密，为什么您一要生气就要绕着土地跑上三圈？”艾迪巴禁不起孙子恳求，终于说出隐藏在心中多年的秘密，他说：“历来，我年轻气盛，总是控制不住自己与他人吵架，所以我就一边绕房子和土地跑，一边质问自己，我有什么资格与他人吵架啊，房子这么小，土地这么少。这样想来，我就把所有时间都用于勤奋工作。”孙子疑惑地问：“但是爷爷，您现在已经老了，而且成为最富裕的人，为何还要这么做呢？”艾迪巴笑着说：“我虽然老了，但是我偶尔还是会生气，所以我就一边绕着房子和土地跑，一边劝说自己，我如今已经拥有这么多土地，还住着豪华的大房子，我为何要与人斤斤计较呢！这么想来，我就感到怒气全消了。”

对于艾迪巴而言，他最喜欢做的事情就是看着自己的房子和土地，年轻时这能够激励自己继续努力，富裕之后这能够安慰自己不要与他人斤斤计较。这就是他喜欢做的事情，也是能够使他心情放松的事情，所以他才能成功地借助于这种方式，帮助自己消除怒气，赢得好心情。

有些人用笑容驱赶忧伤，有些人用哭泣发泄内心的委屈，也有的人如同艾迪巴一样热衷于运动，这都是在用自己喜欢的方式帮助自己排解压力，消除郁闷，从而恢复好心情。

情绪启示

1. 每个人都有自己的兴趣爱好，在心情不好的时候做自己喜欢的事情，就能帮助自己驱散郁闷，获得好心情。

2. 消除郁闷不但能够让我们身体健康、心情愉悦，也能避免我们把负面情绪带给身边的人，从而不影响人际交往。

3. 哭泣并不可耻，正如刘德华在一首歌里所唱的那样，“男人哭吧哭吧不是罪”。现实生活中有很多男人都信奉男儿有泪不轻弹，实际上，男人也可以哭泣，而且这并不影响男人的男子汉气质。当然，整日哭哭啼啼是不可取的，只有适时的哭泣，才是正常的发泄。

第06章

不随便乱发脾气——多忍让，好情绪让人生豁然开朗

前文我们说过，人不能生闷气，有了不满就要以恰到好处的方式及时发泄出来，这样才能避免郁积于心，导致不满情绪爆发。其实，要想保持平和的心境，适当的忍耐也是必要的，这里所说的忍耐不是提倡人们生闷气，而是说人们在遇到不高兴的事情时，应该学会控制自己的坏脾气，尽量避免随意地乱发脾气，这样才能使人生豁然开朗。

忍让，是人际交往中的美好品质

早在古时候，大圣人孔子就曾经说：“小不忍则乱大谋。”这句话告诉我们，必须学会忍让，才能做成大事。当然，人不但要忍耐一时的怒气，也要学会对于人生的苦难多多忍耐。孟子曾说：“天将降大任于斯人也，必先苦其心志，劳其筋骨，饿其体肤。”这样一来，人才能得到锻炼，意志坚定，成就大业。由此不难看出，忍耐和忍让在我们的生活中是不可或缺的美德。如果人缺乏忍让的精神，就很容易陷入冲动之中，也使生活被动不堪。

尤其是现代社会，生活节奏越来越快，工作压力越来越大，很多人之间都存在着竞争和利益关系。常言道，有人的地方就有江湖，那么有利益和竞争的地方也就会有纷争。为了让自己得到更多的好处，也在工作和事业上取得更大的成就，几乎每个人都在不遗余力地打拼。发生矛盾时，如果我们只盯着眼前的利益看，而忘记与他人和谐相处的重要性，就难免会得罪人，导致未来的生活和工作都受到影响。正是因为不断地从生活和工作中得到经验教训，所以人们常说，忍一时风平浪静，退一步海阔天空。也有人说，忍得一时之气，免得百日之忧。古人也曾说过，吃亏是福。对于生活中很多鸡毛蒜皮的小事情，我们根本无须上纲上线，对他人寸步不让。如今是网络时代，很多新闻在网上都能传得沸沸扬扬，经常关注网络新闻的人会发现，很多血案的发生，最初只是因为不值一提的小事。假如双方当事人都能忍耐一下，也就能够皆大欢喜，而

不会导致事态更加恶化，最终无法收场。

大多数不能忍耐的人都是心胸狭隘的人，要想学会忍让，我们首先必须让自己心胸开阔，从而变得更加宽容大度。的确，眼前的利益是很重要的，也许与我们的生活息息相关，但是在漫长而且复杂多变的人生中，我们根本不可能预见到自己未来是否会与曾经争夺利益的人合作。尤其是对于很多商业上的合作伙伴而言，因为合作的关系，更要把目光放得长远一些，不要纠结于那些小利益，这样才能赢得长久的合作与发展。此外，我们还要跳出思维的怪圈，不要任何事情都从自身角度出发考虑，要避免过于主观，设身处地地为他人着想，这样我们就更容易理解和宽容他人，从而减少怒气，让彼此的交往和谐融洽。总而言之，忍让在任何年代都是美德，我们作为现代社会的年轻人，为了与他人搞好关系，也为了让自己更加顺利地发展，也要具备这样的美德，让自己具备博大的胸怀和宽容的品质。

清朝康熙年间，张英不仅是文华殿的大学士，也是礼部尚书。他的老家在安徽桐城，他的家人和邻居吴家因为宅基地的事情，发生了激烈的争执。其实，他们两家的宅基地都是从老祖宗那里传下来的，因为年代久远，已经成为不清不楚的糊涂账了。然而，因为后代都非常精明，所以才为了这历史遗留问题再次起了争执。因为彼此之间无法说清楚这些事情，最终他们不得不找到官府，让官府决断。没想到的是，邻居家也有人在朝廷里当官，而且在当地是望族，所以官府不敢得罪任何一方，只好不停地和稀泥，最终也没有成功解决问题。无奈之下，气愤的张家人给京城的张英写信，让他找关系解决问题，彻底降服邻居吴家。

看到家里人派人日夜兼程送来的信，张英不由觉得好笑。他马上提笔修书一封，命令来人把信再火速带回家里，信的内容如下：“千里修书只为墙，让他三尺又何妨。万里长城今犹在，不见当年秦始皇。”看到张英的来信，家里人大失所望，因为张英明显是在劝说他们让出三尺地，这样才能和和气气地解

决问题。他们不敢忤逆张英的意思，因而主动让出三尺宅基地。吴家人看到张家人如此宽容大度，也不甘示弱，马上也退让三尺。原本紧挨着的张家和吴家之间，就多出了一条六尺巷，周围的百姓们也多了一条通道。从此之后，六尺巷的故事被人们世世代代传为美谈。

如果张英支持家人与邻居争夺地盘，那么原本为邻居的两家人一定会反目成仇，甚至老死不相往来，也会给子孙后代带来很大的嫌隙和不愉快。一句“万里长城今犹在，不见当年秦始皇”，让人意识到在历史的长河中，人只是沧海一粟，实在不应该为了这些身外的事情大动干戈。在当今社会，原本是好邻居的两家人，因为宅基地的事情大打出手的也并不罕见。假如人人都有忍让的美德，既不要主动欺负他人，也不要因为不值一提的小事伤了彼此之间的和气，那么人与人之间的关系一定会更加友善融洽。

1. 人生天地宽，除了生命之外，其他的事情都是身外之事，不到万不得已，千万不要因为这些事情与他人大动干戈，伤了和气，否则就是得不偿失。

2. 海纳百川，有容乃大；壁立千仞，无欲则刚。朋友们，一定要记住，忍让是美德，吃亏是福气。

3. 人只有提高自己的境界，扩大自己的心胸，才能做到宽容他人，也才能真正宽宥自己。

一时的忍耐，也许能够换来长久的安乐

人们常说，小不忍则乱大谋。这句话其实是几千年前的孔子说的“巧言乱

德，小不忍则乱大谋。”这句话告诉我们，一个人如果总是油嘴滑舌，就会导致品德败坏，如果总是不能忍耐，就会导致事与愿违。由此可见，谨言慎行和忍耐都是非常重要的，对于我们的人生都有至关重要的影响。

当然，忍耐并不是一件容易的事情。所谓忍字头上一把刀，要想真正忍耐还是很难的。一个人必须拥有宽容的胸怀和高尚的品质，也要拥有极高的智慧，才能知道自己何时应该忍耐，何时应该不再忍耐。很多通晓处世哲学的人都对忍耐推崇备至，的确，即便有着再多的处世哲学，忍耐都是人的安身立命之本。人生在世，不可能时时处处都顺遂如意，也不可能遇到的每个人都是自己喜欢的人。在情绪起伏不定的时候，如果我们不能忍耐，乱发脾气，那么又如何让自己的人生更加一帆风顺呢?

自古以来，有很多事例都是关于忍耐的。在面对人生中的坎坷和挫折时，只有具备忍耐的精神，忍得一时，才能换来人生的顺遂如意。

春秋末期，吴国攻打越国，活捉了越王勾践，将其带到吴国当仆人。曾经作为越国国君的勾践原本高高在上，转眼之间却成为吴国的阶下囚，而且还要亲自伺候吴王，实在是不可忍受。然而，勾践为了有朝一日能够为国家报仇雪恨，最终选择了忍气吞声。他不但老实本分地饲养吴王的马匹，而且还主动要求去给吴王的父亲看守墓地。在吴国的时间里，勾践始终未表现出任何抗拒的举动。最终，吴王对他失去警惕心理，以为勾践已经死心塌地地降服于吴国，所以放勾践回到越国。

回到越国之后，勾践没有恢复锦衣玉食的生活，而是继续粗茶淡饭，带着他的妻子一起辛勤地劳作。为了提醒自己记住曾经的耻辱，勾践夜晚不睡在床上，而是睡在柴草堆上。他还在饭桌上方悬挂了一个苦胆，每次吃饭之前都会舔一舔苦胆，让自己不要忘记曾经的苦难。就这样，勾践率领越国全体民众励精图治，把国家治理得更加富强。为了麻痹吴王，他还把绝世美女西施送给吴王，这样一来，吴王更加沉迷于美色，荒废国事。果不其然，在二十年的时间里，越国越来越强大，吴国却越来越衰弱。最终，勾践率领大军一举消灭吴国，吴王成为亡国奴，拔剑自刎。

假如勾践不能潜下心来忍受在吴国的屈辱，就不可能回到越国。正是因为他把自己伪装得很好，处处忍耐，最终才能麻痹吴王，得以回到故国，励精图治。朋友们，人生之中很多时候都是需要潜伏的，唯有付出时间，我们才能收获成就。当然，人生之中需要忍耐的很多，不但需要忍耐一时之气，也要忍耐不如意，忍耐灾难与坎坷。尽管我们只是普通人，人生未必会大起大落，但是为了使我们的人生更加顺遂如意，我们必须学会忍耐。

情绪启示

1. 人生总是有高峰和低谷的，即便遭遇不如意，我们也要极富忍耐精神，这样才能度过人生中的艰难的时刻。

2. 真正的强者，不但有勇有谋，也很善于忍耐。只有忍得一时，才能一生平顺。

忍让，也是聪明的人常常采取的策略

生活中，有很多人都像炮仗一样，一点即炸，还有很多人以狼自居，说自己是一头来自北方的狼，因而有着十足的狼性。其实，不管是炮仗还是狼，和忍让的聪明人相比，总是少了些忍耐，往往更加浮躁不安，也会因为冲动闯祸。

毋庸置疑，狼是一种非常具有野性的动物，而且具有极强的攻击性，再加

上狼很固执，很少会主动放弃猎物，一旦认准了目标就会勇往直前，因而很多职场人士都以狼自居。然而，人真的能够变成狼吗？也许人可以自以为是狼，或者以狼自居，但是人却不可能真的变成狼。不管人多么凶残，都不会像狼一样充满野性，变成和狼一样残忍嗜血的野兽。究其原因，狼必须对其他动物展开攻击，才能获取食物，但是人获得成功的方式却不拘一格，既可以不断进取，也可以以退为进，还可以曲线救国。很多高手往往擅长以退为进，他们不会因为无法取得进步就一直努力向前，而是以退步的方式委婉地进步。尤其是在事情的发展出人意料或者不能控制的情况下，忍让，往往能够使聪明人最大限度发挥自身的特长，从而赢得最终的成功。

在《青岛往事》这部电视剧中，由黄渤饰演的满仓看起来有些憨憨傻傻的，但他奋发图强，以极度的忍耐和装疯卖傻的本领，战胜了精明的日本商人，为自己的兄弟报仇雪恨。不得不说，满仓是非常聪明的，他懂得小不忍则乱大谋的道理，在千钧一发的时刻，他甚至不把真相告诉自己最爱的人，只为了最终赢得圆满的结果。

一个人的能力终究是有限的，而且随着分工和合作越来越密切，每个人也必须融入团队之中，与他人搞好关系，集合团队的力量，才能为自己的人生赢得更圆满的结果。现代社会不是崇尚个人英雄主义的时代，要想赢得他人的认可和尊重，为事业和工作铺垫道路，我们就要搞好人际关系，切勿木秀于林。

可以说，每个人生活在这个时代，都需要忍让。如果你火爆脾气，那么渐渐地你身边的朋友就会越来越少。而且，千万不要得理不饶人，任何人都需要保持自身的好脾气和好性格，要以德报怨，才能打开他人心扉。在如今这个和谐社会，和谐真的要从你我做起，要从我们身边的点滴小事做起。

尤其是在现代职场上，竞争越来越激烈，人才辈出。一个人要想在职场上有所成就，除了要具备超强的专业能力之外，更要具备良好的人际交往能力，拥有丰富的人脉资源。尤其需要注意的是，职场新人或者是公司新进员工，必须非常低调。在度过最艰难的时期之后，只有当每个人都对我们竖起大拇指时，我们才能稍微松口气，但是低调和忍让也依然是必须的。

民间有种说法叫做，枪打出头鸟。尽管一个人默默无闻是很可怕的，但是如果一个人过于出风头，过于高调，也必然招致某些人的羡慕、妒忌和怨恨，甚至还会为此惹来麻烦。总而言之，生活中总是有各种各样的事情发生，我们必须根据实际情况，找出最好的处理和解决办法。记住，聪明人绝不冲动，如果说一时的忍让能够帮助我们争取更多的时间用心思考，那么一时的冲动只会导致我们因为说出去的话、做过的事情追悔莫及，甚至酿成大祸。

情绪启示

1. “人在屋檐下，不得不低头”“好汉不吃眼前亏”“留得青山在，不怕没柴烧”，这些民间俗语都告诉我们，必须尽量忍耐，才能获得更好的发展。

2. 需要注意的是，忍耐不是怯懦。任何时候，我们可以忍耐，但是绝不能怯懦。

忍让不能无休无止无限度

众所周知，为人处事只有学会忍让，才能多一事不如少一事，也才能避免自己因为冲动招致麻烦。毫无疑问，随着生活节奏的加快和工作压力的增大，越来越多的人承受着巨大的压力，因为心态浮躁，人与人之间的相处也很容易产生矛盾和纠纷。在这种情况下，如果我们不擅长忍让，很容易因为一些鸡毛

蒜皮的小事情，就与他人产生争执。倘若事情不涉及原则性问题，适当忍让也并无不可。

但是，忍让并不是一味地退缩和怯懦。当忍让超过限度，就会失去原则，我们也就无法继续坚守做人的底线。要知道，每个人生活在这个世界上都有自己的做人原则和底线。即便是为了宽容别人，我们也要坚持底线，否则我们的宽容就会变成纵容，我们的忍让就会变成怯懦。这样的行为非但无法对他人起到帮助和宽容的作用，反而姑息养奸，最终酿成大祸。因而朋友们，我们一定要记住，任何忍让都要适度，要坚持原则和底线，才能起到预期的良好效果。

聪明人知道，什么时候该忍，什么时候不该忍，也很清楚自己的忍让应该在何种程度适可而止。实际上，是否忍让并没有统一的标准，也因为事情的发展总是出人意料，所以我们无须追求忍让的明确标准或者界限，而是要根据实际情况顺势而为，这样才能在坚持原则和底线的基础上忍让，也才能让自己的人生变得明晰。当然，假如我们意识到自身的容忍度很低，那么不妨站在他人角度、设身处地地为他人着想。在更加深入地了解和理解他人之后，我们再来容忍，也许就会变得更加容易。要知道，人与人之间的关系必然是复杂的，尤其是在有利益关系的情况下，冲突更是随时都有可能发生。所以，我们必须把握好忍让的度，让我们的忍让达到预期的目的和效果。

作为农村出来的孩子，小李对于自己能娶到刘倩感到受宠若惊。要知道，刘倩的爸爸是大学校长，刘倩的妈妈是银行行长，他们只有刘倩这一个女儿。可以想象，当爸爸妈妈得知刘倩千挑万选，居然选中了小李时，是多么失望啊！不管是在相貌上，还是在家境背景上，小李都与刘倩差着十万八千里。然而，刘倩就是喜欢小李，而且非小李不嫁，最终爸爸妈妈只得屈服了。

结婚之后，爸爸妈妈始终看不上小李。因为小李住着他们家的房子，所以更加没有尊严和地位。刘倩的妈妈有的时候还会故意找小李的碴，总而言之，表面上他们虽然为了女儿妥协了，但是心中依然愤愤不平。对此，小李当然心知肚明，不过想到刘倩那么喜欢自己，所以他丝毫没有把岳父岳母的故意刁难记在心里。只有一次，小李老家来了电话，说小李的爷爷因为突发急症正在抢救，让小李赶紧回家见最后一面。小李接完电话，当即买了两张回家的车票，准备带着刘倩回家一起给爷爷送终。不想，当岳母知道小李要带着刘倩连夜赶回家时，不由得心疼自己的女儿，说："人穷命贱，别着急，死不了。"听到这句话，原本一直忍让的小李再也忍不住了，他怒气冲冲地说："平日里你对我横眉冷对都没关系，为了刘倩我忍了。但是，你必须给我记住，我的父母、我的长辈和你一样高贵。他们是穷，但是他们照样养出我这个大学生，你的女儿还非我不嫁呢！在我心里，他们比你高贵多了。"岳母没想到小李居然会突然反驳自己，不由得愣在那里。看着小李怒气冲冲的样子，她未免感到害怕，怕小李把自己这一番没有分寸的话告诉刘倩。为此，她只能忍住怒气，给正在往家里赶来的女儿收拾行李。

作为农民的孩子，小李没有显赫的家世背景，但是他很清楚自己的人格并不低贱，因而绝不允许刘倩的妈妈侮辱他的爷爷奶奶和父母。他的忍让终于达到了限度，因为刘倩妈妈触犯了他做人的原则和底线。他的爆发尽管有失礼貌，但是给刘倩妈妈敲响了警钟，让她意识到自己的错误。不得不说，小李爆发得恰到好处，时机把握得非常好，也充分彰显了作为男子汉的勇气和魄力。

每个人都有自己的脾气和性格，唯一不同的在于，有些人的脾气非常火爆，有些人的脾气却很温和。和那些张扬的人相比，性格沉静内敛的朋友更擅长于忍耐。他们不会冲动地做出让自己后悔的事情，而是在冷静思考之后再展开行动，从而避免使自己追悔莫及。

1. 这个世界上并不缺乏老好人，而且老好人也已经不适合这个世界的发展了。任何时候，我们都不能忘记自己的原则和底线，无限地忍耐，受伤害的终究是我们自己。

2. 不管是忍让还是忍耐，都要有限度，一旦失去原则，忍耐就会变成怯懦。可以说，忍耐和怯懦之间，只隔着一条线。

3. 三思而行也是一种忍耐的方式，它恰恰给了我们时间，帮助我们更好地理智思考。

忍让的人生，也许会有更大的舞台

生活的本质是无常的，没有人能够真正地预知生活，也许有些人能够根据现实的情况推测出即将发生的事情，但是依然无法阻止那些事情突发变故。所以，我们可以预测生活，却无法真的预知生活。每个人的生活都面临着不可预知的风险，既有可能是意外，也有可能是惊喜。在事情没有发生之前，我们无从得知自己面对的将会是什么。在这种情况下，能够适度忍让，不要轻而易举地爆发，就显得至关重要。否则，我们有可能因为冲动失去千载难逢的好机会，甚至有可能因为冲动丧失原本拥有的一切。正如人们常说的，冲动是魔鬼。这句话尽管有些极端，但是能够广泛流传，一定有其道理。尽管我们只是普通人，只能拥有普通人的人生，但是我们依然要竭尽所能地帮助自己拥有更加美好的未来。

刘邦手下的大将张良，小时候就很忠厚老实，勤奋学习。当时正值兵荒马乱，他和很多灾民一起仓皇出逃，躲避战乱，最终来到下邳。有一天，张良刻苦读书之后觉得头昏脑涨，所以走到石桥附近散散心。正当张良准备走上石桥时，石桥上坐着的一个老人突然喊道："小孩，给我把桥底的鞋子捡上来。"张良听到老人没有礼貌的话，原本觉得有些生气，但是看到老人白发苍苍，的确已经很老了，所以转念一想，走到桥下帮助老人捡起鞋子，送到桥上。张良才刚刚走开几步，老人再次喊道："小孩，别走，帮我穿上鞋子。"老人不但没有礼貌，简直倚老卖老。虽然张良心生不悦，但还是对老人言听计从，又走回来恭恭敬敬地帮助老人穿好鞋子。

等到张良走了很远之后，老人再次在他身后大声喊道："小孩，回来。"张良有些厌烦，但是一想到老人年纪大了，他就忍耐住自己的气愤，转身回到老人身边，问："老人家，您又有什么事情啊？"老人说："没事了。不过我觉得你孺子可教，所以想教些真本领给你。明天早晨，你来到这里等着我，我有东西给你。"听到老人这么说，勤奋好学的张良很兴奋。次日清晨，他早早来到桥上，不想老人已经到了。老人有些生气地说："你来晚了。明天早晨再来吧。"说完，不等张良回答，他就扬长而去。第三天清晨，张良更早起床，来到桥上，但是老人又等候在那里。看到张良来了，老人生气地说："你又迟到了！"说完，老人头也不回地走了。张良觉得很惭愧，毕竟老人已经那么大年纪了，自己的确不应该迟到。当天夜里，张良根本没有睡觉，他一直在煤油灯下读书，才半夜，他就去了桥上。他等了很长时间，天刚刚蒙蒙亮时，看到老人远远地走过来，他赶紧迎上前去，鞠躬行礼。看到张良谦虚好学的模样，老人拿出一本书给张良："孩子，认真读这本书，将来你一定能平定天下。"老人说完这句话把书交给张良，就走了。张良追问老人的姓名，老人头也不回地说："我叫黄石，住在济北谷城山下。"老人越走越远，张良迫不及待地拿着书回到家里，开始勤奋苦读。

原来，张良偶然得到的这本书，就是《太公兵法》。正是因为对这本书钻研透彻，学习了书中的精髓，张良才能成为一代名将，辅佐刘邦平定天下，创造了千秋大业。聪明人不难发现，老人在把那本传世奇作《太公兵法》真正传给张良之前，可没少刁难张良。但是张良谦和有礼，对老人很恭顺，对于老人的无理取闹，他始终都在忍耐。正因为如此，他才获得宝书，勤学苦读为日后的发展和成就奠定了基础。

朋友们，生活中我们不确定自己何时能够碰到良好的机遇，因而我们必须学会忍耐，才能抓住每一个来到眼前的好机会。需要注意的是，不要以貌取人，因为我们根本不知道机会将会以怎样的面目出现，也不知道谁才是我们生命中的贵人。

1. 我们不是张良，不可能得到传世的神奇兵书，但是我们随时随地都面临着机会，我们必须做好准备，才能抓住机会。

2. 忍耐能够帮助我们获得很多千载难逢的好机会，使我们的人生境遇豁然开朗。

忍让并非懦弱，而是更大的气度

通常情况下，人们对于那些忍让之人都嗤之以鼻，觉得他们一定是因为怯懦无能，才对一切都忍气吞声。然而，我必须告诉大家，忍耐非但不是怯懦，而且是人拥有气度的表现。一个人要想真正做到忍耐，宠辱不惊，则一定要有开阔的胸襟和高尚的节操。尤其是在人际交往中，面对复杂的人际关系，忍耐更有可能是以退为进，等到合适的机会崛起。所以说，忍耐是厚积薄发，是一种聪明机智的策略，也是有气度的表现。

现实生活中，很多人不管遇到什么人还是什么事情，总是第一时间就爆发，与他人争长短，也想为自己赢得面子。殊不知，这恰恰是让自己丢面子的行为，因为如果你没有弄清楚事情真相就肆意反驳他人，你最终很有可能因此被人耻笑。真正的智者，面对生命的困境，面对他人的委屈和误解，不会当即就不分青红皂白地抱怨或者为自己辩解。他们知道事实胜于雄辩，一切的反驳都不如事实来得更有力。此外，他们也有可能因为隐忍，反而得到更多的好机会，从而让自己的人生更加谦和，也更加平顺。

常言道，人在屋檐下，不得不低头。很多时候，并非我们愿意忍让，而是要审时度势，顺势而为，这样才能让自己走出困境，走入人生的开阔地带。要知道，低头并非简单的认输。就像很多人曾经看过斗牛一样，那些勇猛的牛在发起进攻的时候，一定是低下头，积蓄力量，径直往前的。人也应该如此，我们此时此刻的沉静内敛，就是为了有朝一日扬眉吐气。自古以来，无数人因为忍让等待到好的时机，一飞冲天，也有很多人因为忍让，成就了千古留名的伟大事业。作为普通人，虽然我们不会名垂千古，但是我们也有属于自己的成功人生。任何时候，我们唯有成就自己，才能创造最美好的未来。

作为成功的商人，李嘉诚每次在与他人正式签约做生意之前，总是陷入思考。有人问他在想什么，他回答正在计算对方的利润。他说，假如他觉得对方在这笔生意中利润很少，他就会让利给对方。大多数人做生意都恨不得赚得盆满钵满，但是李嘉诚却更愿意为合作伙伴着想，难道他自己不想多赚一些吗？其实不然，李嘉诚这么做正是为了多赚一些。因为假如合作合伙盈利很少，必然导致以后合作非常困难，而李嘉诚把一部分利润让给对方，实现共赢，未来的合作也就会更加顺利，当然他也能够因此赚到更多的钱了。

李嘉诚不仅本人如此经营生意，而且还把道理教给儿子李泽楷，所以李泽楷在和人做生意时，总是让出一小部分利润给别人，因此大家都愿意与他合作做生意。长此以往，他的生意非但没有因为让出部分利益而赚少了，反而因此赚得更多，生意异常火爆。李嘉诚父子做生意看似不够精明，实际上，他们的让利行为正是他们事业成功的重要秘诀。

美国著名的“钢铁大王”卡耐基也很善于忍让。在成为“钢铁大王”之后，他有一次与竞争对手布尔门铁路公司展开了竞争，只为了赢得与太平洋铁路公司合作的机会。为了投标成功，他们都不断降低价格，最终居然导致利润几乎为零，但谁也不愿意退让一步。有一天，卡耐基在旅馆门口遇到了布尔门，他面带笑容主动向布尔门伸出手，说：“我们这么做，真的是鹬蚌相争，渔翁得利啊。”说完，卡耐基当即向布尔门示好，布尔门也尽释前嫌，但是因为顾及到他们在合作的新公司中谁占据主导地位，所以布尔门对合作并不十分感兴趣。在布尔门处心积虑地问新公司如何命名时，卡耐基几乎毫不迟疑地说：“布尔门卧车公司！”就这样，他以忍让的精神彻底打消了布尔门的疑虑，接下来他们合作得非常愉快，全都获得了巨大盈利。

人们都说商场如同战场，作为杰出的企业家，卡耐基很清楚在利益面前没有永远的敌人。他主动与布尔门和好，而且还退让一步，让布尔门占据合作中的主导地位，由此实现了两家公司之间的顺利合作，互助共赢。

朋友们，不管是在日常生活中，还是在工作中，我们都应该处处谦让，这样我们才能更好地与他人相处，也才能赢得他人的认可和尊重。例如，在与朋友相处时，有了好处或者好机会让一让，朋友一定不会忘记的；在公司中，当与同事有了利益之争时，也不妨让一让，这样才能赢得同事们的好感，也才能在未来的工作中合作顺利。很多人之所以与身边的人关系紧张，就是因为他们过于斤斤计较，总是以短浅的目光盯着眼前的好处，却不知道自己已经失去了他人的认可。很多时候，所谓的“利”无法给我们带来真正的好处，反而会使我们身心俱疲，因小失大。

1. 利益面前让一分，我们才能像李嘉诚一样赢得更多的利益；人际关系中让一分，我们才能得到他人的尊重和真心拥戴。

2. 忍让，不但是人生处世的哲学，也是一种极高的智慧。忍让的人懂得以退为进，也懂得以舍弃为得到。

3. 关键时刻的忍让更能彰显出你的气度，使你成为真正的赢家，笑到最后。

塞翁失马，焉知非福

很久以前，有个老人生活在边塞地区，与胡人居住地相邻。老人以养马为生，很多来往边塞的人都从老人这里买马，时间一长，大家都称呼他为“塞翁”。塞翁一把年纪，对于事情有着非常独到的见解，有的时候，他说出来的话，他身边的人根本无法理解。

有一次，塞翁家的马丢了一匹。在当时，马是非常珍贵的财产，价值不菲，因而邻居们听说此事后，纷纷赶来安慰塞翁。出乎他们的预料，塞翁非但没有为此感到伤心，反而安慰邻居们：“没关系，尽管马很贵重，但是丢了就丢了，说不定还是好事情呢！”邻居们都莫名其妙，还以为塞翁因为过于伤心，犯糊涂了！然而，十几天过去了，塞翁丢失的那匹马居然回来了，而且还带回来一匹胡人的骏马。听说塞翁遇到这种天上掉馅饼的好事情，大家都为塞

翁感到高兴，全都赶来恭喜塞翁。不想，塞翁却愁眉苦脸地说：“多了一匹马有什么好的，也许会招致灾祸呢！”听到塞翁的话，大家都觉得老汉在故弄玄虚，虽然心里暗自欢喜，表面上却要装出不以为然的样子。为此，大家全都笑着走开了。果然，不出几天，塞翁的独生儿子骑着这匹胡人的骏马去集市上玩耍，突然被骏马掀翻在地，摔断了腿。得知塞翁的爱子遇到这样的灾祸，从此以后变成瘸子，热心的邻居们都赶来安慰塞翁。塞翁却面无表情地说：“摔断了腿也许未必是坏事请吧。”大家全都以为塞翁伤心欲绝，糊涂了。半年多的时间过去了，不想，因为胡人大举入侵，边塞突然爆发战争，村子里身强体壮的年轻人都被应征入伍，奔赴沙场，塞翁的儿子却因为腿部残疾，得以留在家里。一年之后，那些年轻人全都战死沙场，塞翁的儿子安稳地活着，陪在老父亲身边。

塞翁失去一匹马，又得到一匹马，儿子因为平白无故得来的马摔断了腿，后来又因为腿瘸免于服兵役得以幸存，这件事情前前后后跌宕起伏的变化，使人不胜感慨唏嘘。的确，塞翁失马，焉知非福。正如古人所说，福祸是相依相存的。有的时候看似是好事情，实际上是坏事请；有的时候我们觉得事情已经糟糕至极了，却柳暗花明又一村，反而情势转变，变成了好事。我们不是神仙，根本无法准确预知事情的变化。在这种情况下，我们只能竭尽所能地做好一切事情，才能尽量争取好的结果。

现实生活中，每个人在人生路上都会有形形色色的遭遇。与其为了突如其来的灾祸痛心疾首，悔不当初，不如把握好当下，竭尽所能地抓住有可能出现的好机会。

1. 在事情没有真正发生之前，没有人能够预测到结果，我们唯一能做的就

是活在当下，把握好当下的生活。

2. 表面上看起来的好事情未必真的是好事，表面上看起来的坏事请也未必真的是坏事。事情总是处于不停的变化之中，我们唯有把握好人生的每一次机遇，才能尽可能地把握人生。

3. 人生总是不停地得到又失去，既然得失乃是人生常事，我们也就无须为此无限懊恼。当我们的心变得平静坦然，我们也就能从容面对得失。

第07章

不因得失生怒气——减少欲望，简单的人生更美好

现实生活中，每个人都难以避免与他人打交道，也难以避免因为各种各样的不如意或者是失意，与他人之间产生矛盾和纠纷，导致心理失衡，心生怒气。当我们因为得到而感到沾沾自喜时，我们也应该想到，终有一天，我们也会因为失去而感到失落、沮丧和绝望。这就是人生，总是在得失之间不断地徘徊，有得就会有失，有失也必然有得。假如我们能够坦然面对得失，就能够更加放宽心态，从而帮助自己豁达地面对人生，也从容地走好人生之路。

心自由，人生才能自由

在日本侵略者在中国横行霸道的时候，无数革命先烈抛头颅，洒热血，历尽艰辛才建立了新中国。如今，我们虽然生活在和平年代，已经无须付出惨重的代价争取自由，但是对于绝大部分人而言，自由依然是遥不可及的。首先，这个世界上根本没有绝对自由的人，每个人不管是生活在哪里，都要受到法律和道德规范的制约。其次，每个人都无法随心所欲地做任何事情，因为人不是独立存在的个体，需要与他人友好相处，才能得到他人的认可和尊重。最后，每个人都要受到内心的禁锢。人每时每刻都在呼唤着自由，但他们的内心却有着囚禁自己的牢笼，导致自己无法真正张开翅膀，展翅翱翔。实际上，前两点的禁锢都是来自外界，而且，都是比较容易做到的，最难的是我们要突破内心的牢笼，从而获得真正的自由。因而要想获得真正的自由，我们就必须突破心灵的禁锢。

现实生活中，几乎每个人都在面对着形形色色的诱惑，因而人们不断被欲望裹挟着，奋勇前行。在被欲望制约的情况下，我们还不敢承受失去，总是患得患失，畏手畏脚。正如民间的一句俗话所说的，光脚的不怕穿鞋的。一个人假如一无所有，反而能够破釜沉舟，背水一战。如果拥有的太多，他们的心也就有了更多的负担，不敢随意放弃自己，也不敢为自己的未来博得任何可能性。所以朋友们，放开你们的心吧！只有心自由，你们的人生才能自由，你们

也才能获得更加广阔的人生天地。

秦朝末年，秦二世命令大将章邯率领大军攻打赵国。赵国兵力不足，被秦军攻得节节败退，最终不得不退到巨鹿，秦军乘胜追击，将其围困起来。为了帮助赵国，楚怀王任命宋义担任上将军，任命项羽为副将，让他们率领大军援救赵国。出人意料的是，宋义率军到达安阳之后，就安营扎寨，不再北上渡江，更不想赶到巨鹿为赵军解围。原来，宋义居心叵测，他想让秦军和赵军打得两败俱伤之后，再轻易获胜。因此，他严令军队不许轻举妄动，开始过上花天酒地的生活。见此情形，项羽不能再忍，因而以宋义勾结齐国背叛楚国为由，杀死宋义。将士们早就对宋义不满，当即拥立项羽为代理上将军。得知实情后，楚怀王也很无奈，当即下令任命项羽为上将军。整个楚国都因为项羽的英勇感到震惊。

成为真正的上将军之后，项羽下令让两名将军率领两万大军渡河，去巨鹿为赵军解围。在得知这两名将军获得小胜的消息后，项羽当即决定全军渡河。做出这个决定后，项羽命令将士们凿穿所有的船只，砸掉所有做饭用的锅灶，还把宿营的帐篷也拆掉烧毁。此外，他只给每名将士发了三天的口粮，以此表现出他要与秦军决一死战的决心。将士们感受到项羽的果断和魄力，因此士气大增。

就这样，项羽率领破釜沉舟的大军到达巨鹿，把秦军围困起来，与被秦军围困的赵军里应外合，在九次浴血奋战之后，终于成功截断秦军的补给路线，从而战胜秦军。与此同时，尽管其他诸侯国也派出军队援助赵国，但是他们都只是在巨鹿附近围观，根本不敢贸然攻打秦军。从此之后，项羽威名大振，他所率领的军队也成为实力强大的反秦力量。

和其他诸侯国的围观兵力相比，项羽之所以能够不顾一切地大战秦军，最终经过九次激战获胜，就是因为他破釜沉舟，丝毫没有留下退路，只能率领全体将士勇往直前，与秦军决一死战。现实生活中，有多少人做事情的时候会拥有这样的勇气和决断力呢？假如人人都拥有和项羽一样的决绝精神，也许人生就会变得更加自由。其实，项羽的策略很简单，就是使全体将士都一无所有，也没有任何退路，因而能够心无旁骛，不顾一切地与秦军厮杀。

现实生活中，我们之所以做起事情来前怕狼后怕虎，最终一事无成，就是因为我们总是害怕失去自己已经拥有的，也担心无法获得自己梦寐以求的。如此一来，我们必然瞻前顾后，失去了原本应该有的自由人生。

1. 人有欲望是没错的，很多时候，适度的欲望能够促使我们不断奋勇向前。然而，人的欲望一旦过度，就会成为人生的束缚，人生的禁锢。

2. 心若失去了自由，哪怕天高任鸟飞，海阔凭鱼跃，也是无法获得真正自由的。

3. 任何时候，遭遇任何事情，都不要委屈自己的内心，因为人生在世，只有你的内心才是绝对忠于你的。

接纳自己的不完美

在这个世界上，每个人都追求完美，都希望自己能够成为十全十美的人，也希望自己获得毫无遗憾的人生。然而，这个世界上真的有完美吗？我们不得不遗憾地意识到残酷的真相，即这个世界上根本没有所谓的完美。绝对的完美就是这个世界的瑕疵，也是镜中花水中月，不但遥不可及，也非常浮夸不真实。相比之下，带着些许缺憾的人生，才是完美的人生；拥有无数个小缺点和

瑕疵的人，才是真实可信的人。因此，我们活着，必须接受不完美的真相，也必须承认那些事物都是不够完美的，包括我们自己也有很多不足，这样我们的内心才能更加从容淡定，也才能随遇而安。

试想，如果一个人连自己的不完美都无法接受，又如何能够接受他人的不完美呢！任何情况下，我们都要悦纳自己。有很多人对自己看不惯，不是觉得自己的鼻子长得不好看，就是觉得自己的眼睛太小了，所以不惜花费重金在父母赐予自己的身体面貌上动刀子。难道他们整容之后就完美了吗？要知道，只有自然的才是最美好的，也只有自然的才更加趋向于完美。造物主是公平的，他不会把所有优点都集中在一个人身上，也不会让一个人毫无可取之处。最重要的在于，我们要拥有善于发现的眼睛，才能更加敏锐地发现自己的优点和长处，也才能意识到自己的缺点和不足。

江苏卫视的《非诚勿扰》栏目，热播了七八年。在这档婚恋栏目上，很多年轻的女嘉宾对男嘉宾提出了自己的要求。她们的要求或者宽容，或者苛刻，也不乏有很多女嘉宾在站在舞台上长久的时间之后，终于迎来了自己心仪的男嘉宾。记得有一期节目，有个男嘉宾一上台就得到了女嘉宾的青睐，亮起了很多盏灯。直到这个男嘉宾的最后一个VCR播放完之前，这个男嘉宾都始终保持着很多盏灯。但是等到最后一段VCR播放完之后，女嘉宾们接二连三地灭灯。主持人问起她们灭灯的理由，好几个女嘉宾都认为这个男嘉宾太完美了，简直无懈可击。这种现象出现的原因是什么呢？只有一个原因，即这个男嘉宾很好地掩饰了自己，导致女嘉宾无法发现他的缺点。经常看这个节目的观众朋友们会发现，很多聪明的女嘉宾之所以选择和某个男嘉宾牵手，并非因为这个男嘉宾多么完美，而是因为这个男嘉宾表现出了自己的缺点，而他的缺点恰恰是某个女嘉宾乐于接受的。由此可见，一个人表现出来的完美未必能够得到他人的认可，反而是那些能够使其表现出真实性的缺点，才使他更加生动可爱，也更加真实可信。

常言道，金无足赤，人无完人。即便是纯金，也无法达到百分之百的纯度。在这种情况下，我们做人做事虽然要力争完美，但是总归是有瑕疵存在的。明智者不会因为这些瑕疵感到遗憾，反而他们找到了进步的突破口，从而不断提升和完善自我，让自己变得趋于完美。归根结底，无论我们是否完美，我们在这个世界上都是独一无二、无法取代的。我们只有坚持做最真实的自己，才能成就相对完美的自己。

当然，我们除了对自己宽容，接纳自己的不完美之外，对于他人，也要采取同样的态度。当我们对自己宽容，却对他人严苛的时候，我们很容易会招致他人厌恶，甚至与他人之间关系越来越疏远。所谓推己及人，我们既然能够悦纳自己的不完美，也要意识到他人也是人，而非神，所以也要接纳他人的不完美，从而帮助我们更加赢得他人的尊重和喜爱。此外，对于任何事情，我们尽管竭力要做到最好，但是不要轻易苛责。唯有怀着一颗宽容友善的心对待他人，我们才能得到他人的同等对待。

情绪启示

1. 每个人都是不完美的，包括我们自身在内。对于自己的不完美，我们一定要保持理智，接受自己的不完美，因为正是这个不完美的自己成就了我们的人生。

2. 我们既有不完美，也有完美。对于那些不能让我们感到满意的地方，我们不如调整心态，努力发掘出自身的优点，从而扬长避短、取长补短，帮助自己更加悦纳人生。

3. 任何人都无法取代你在这个世界上的地位，所以要接受自己的不完美，正是这些不完美造就了与众不同、独一无二的你。

得失并非绝对的

生活中，有很多人都郁郁寡欢，恨自己付出的太多，得到的太少，也恨命运不公平，没有让他们生来就高人一等，拥有比其他人更多的便利条件和得天独厚的资源。其实，在这个世界上，富二代官二代毕竟是少数，大多数人都是普通人，都有着普通的家庭和父母，也有着属于自己的普通人生。要想活出属于自己的精彩，我们就要杜绝不停地抱怨，要平静坦然地面对生活的一切馈赠，这样我们才能端正心态，从容面对人生。

除了天生的不公平之外，人生其实还有很多的不公平存在。诸如有些人轻而易举就得到了我们梦寐以求的机会，但是我们却费尽心机、绞尽脑汁也无法达成心愿。在这种情况下，我们难免愤愤不平。尤其是在遭遇意外的损失之后，我们更是觉得亏欠自己，因此想方设法地从其他方面找补自己。究其原因，我们就是过于在乎得失了。

从本质的角度而言，得失并非是绝对的。有的时候，我们看似得到了很多，实际上却失去了最宝贵的；有的时候，我们看似失去了一些，然而，我们却得到了心安理得，得到了良心上的安宁，也得到了自己做人做事的原则和底线。由此可见，得失是可以相互转化的。我们唯有以平常心对待得失，才能真正成为人生的主宰，帮助自己赢得最美好幸福的人生。偏偏有些人，一旦失去了什么，就斤斤计较，不停地算计。殊不知，这样只会扰乱自己的心绪，使自己失去更多的平和安乐。

不管是得到还是失去，都是暂时的。随着时间的流逝，一切都将逝去，这一点任何人都无法阻拦和改变。很多人曾经经历过失去亲人的痛苦，当时的痛不欲生，在时间的流逝中，最终化为沉淀在心底的悲伤。所以人们常说时间是最好的良药，能够治愈一切伤痛。在人生的漫漫长路上，我们不但失去，也会得到。随着时间的流逝，我们心底里留下的只有回忆，甚至有些回忆最终都会被时间悄悄带走。曾经有人把人生比喻成一场马拉松比赛，的确，和马拉松赛跑一样，最重要的不是奔向终点，而是过程。人生路上也是如此，当我们面对坎坷挫折，面对人生突如其来的打击，我们到底是失去，还是得到呢？曾经的苦难在岁月的沉淀中，最终变成我们心底里沉甸甸的人生经验。正如人们常说的，不经历无以为经验。我们只有亲身经历过，才能拥有更加丰富的人生经验，也才能得到最充实的人生。

如今，李开复的名字几乎无人不知，无人不晓。然而，却很少有人知道，李开复于20世纪70年代末，在美国哥伦比亚大学做出一个惊人的壮举。当时，李开复是政治科学专业的学生，即便在整个美国，哥伦比亚大学的政治科学也屈指可数，炙手可热。要知道，世界上的很多政治人物都毕业于这里。然而，李开复对政治不感兴趣，在大学第一年里，他就经常在课堂上昏昏欲睡，因而成绩很差。然而，在学习选修的计算机课程时，他却惊讶地发现自己如同变了一个人一样，几乎大脑的每根神经都兴奋不已。就这样，李开复突然发现自己真正喜欢的是计算机，而且他在计算机方面的确具有天赋，完成程序编写简直轻而易举。思来想去，在大二那一年，李开复做出了转系的决定。要知道，转系之后，他就从哥伦比亚在全美国都排名靠前的专业，转到并不突出，甚至堪称默默无闻的专业。所有人都为李开复感到惋惜，也不乏有人劝说李开复不要冲动，但是李开复始终尊重自己的内心，他最后还是决绝地转到计算机系。正是这个决定，彻底改变了他的一生，使他变成了大名鼎鼎、享誉全球的计算机精英。

从李开复身上，我们不难得到深刻的启示，有的时候，我们必须有所舍弃，才能真正收获。假如李开复继续在政治学科学习，也许他大学毕业之后

的确会师出名门，受到欢迎，但是他会错失自己一生最喜欢最擅长的计算机专业。

现代社会的很多年轻人都拥有自己的梦想，然而他们过于贪心，总是想要得到更多。因为这山望着那山高，他们最终毫无收获，人生也变得碌碌无为。经验丰富的猎人在追赶猎物的时候，如果同时发现两个目标，必然舍弃其中之一，而专心致志地对付一个目标。人生也是如此，没有人能够三心二意地做好所有事情，我们必须集中于一件事情，才能全力以赴地达成自己的心愿。所以朋友们，正确看待人生的得失吧，正如一句流行的网络语言所说的，如果上帝为你关闭一扇门，就必然为你打开一扇窗。

1. 人生要想成功，就必须牢记“鱼与熊掌不可兼得”的道理。我们必须确定自己的伟大目标，抛弃私心杂念，才能获得最终的成功。

2. 如今的很多年轻人并不缺乏梦想，缺乏的只是专心致志为了一个目标不懈奋斗的精神。

3. 正所谓“塞翁失马，焉知非福”，我们也要怀着平常心对待人生的得失，才能拥有豁达的人生。

金无足赤，人无完人

在这个世界上，没有人能够仅仅依靠自己的力量独立生存。尤其是在现代社会，社会分工和合作越来越密切，我们更需要具备与人合作的良好精神，融入团队之中，借助于团队的力量，成就自己。一个人即使能力再强，也无法仅仅依靠一己之力成功，因为现代社会已经不提倡个人英雄主义，任何人都必须融入集体之中，才能最大限度发挥自身能力，实现人生的成就。

当然，每个人都是完全独立的个体。每个人的人生经历、成长背景和阅历，以及世界观、人生观和价值观等观念都是不同的。这也就决定了人们在彼此交往的过程中，一定会因为各种各样的原因产生矛盾和摩擦，也直接导致人与人的相处是非常复杂的，很难完全协调好。大多数情况下，我们总是从主观出发，自以为自己做得十全十美，因而一切的责任和问题都归结到他人身上，从而导致对他人怨声载道，由此一来也必然导致人际关系恶化。

人们常常用心有灵犀、默契等词语形容那些志同道合的朋友，而用针尖对麦芒等词语形容那些话不投机半句多的人。实际上，只要我们拥有宽和的心态，能够像对自己一样对他人多些宽容和容忍，那么我们与他人的相处一定会更加和谐融洽，我们也能够更加容忍他人，理解和体谅他人。

生活中，需要更多的人宽以待人，严于律己。假如把这其中的关系颠倒过来，变成宽以待己，严格对待他人，那么与人相处就会变得困难很多。尤其是在现代职场上，如果因为分工合作等原因，导致彼此之间需要承担责任，那么主动承担责任的人一定能够成为团队中的灵魂和骨干人物。相反，那些推卸责任并且指责他人的人，只会让人敬而远之。所以不管是在生活中还是在工作中，我们必须学会接纳他人的缺点，才能拥有更多的朋友，丰富和拓展自己的人脉，反过来也因此让自己处处变得受人欢迎。

大学毕业后，晓晓进入一家公司工作，和在大学校园里一样，她依然独来独往。领导让她进入一个项目小组工作，但是她和同事们很少来往，除非工作需要，否则连搭讪都没有。渐渐地，同事们都越来越讨厌她。当公司年终进行调整，重新分组时，几乎没有小组愿意接纳晓晓。上司对此很奇怪，因为晓晓是硕士研究生，而且工作能力也比较强。为此，上司私底下了解原因，这才

知道面色冷峻、拒人于千里之外的晓晓，每次在工作上出现错误，都会对他人吹毛求疵，不是说这个人能力不足，就是说那个人专业知识太差，一来二去，组里的人几乎都被她批评过了。组里的人一致反映，晓晓本人特别喜欢挑剔别人，却从不进行自我反省，所以大家都不愿意继续与她共事。

看到自己被大家挑剔，晓晓觉得很委屈。在从上司口中知道自己的缺点之后，晓晓当即决定认真改正。实际上，人的本能就是夸赞自己，挑剔他人，如果我们能够端正心态，理智对待他人的缺点，从而严于律己，宽以待人，那么我们就会得到他人的认可和尊重，我们与他人的交往也会变得更加理智，相处也会变得更加和谐融洽。朋友们，记住了，要想成为受欢迎的人，我们就要像接纳自己一样接纳他人的缺点和不足，像宽容自己一样宽容他人有心或者无心的过失，也要严格进行自我反省，找到自己的不足，努力提升和完善自己。

1. 与人相处时，我们一定要避免戴着有色眼镜看人，不要先入为主，对他人进行主观的评价和判断，这是有失公平的。

2. 和他人相处时，我们要用放大镜看待他人的优点，用缩小的镜子看待他人的缺点，这样我们才能做到宽容和体谅他人。

3. 我们应该怀着宽容平和的心态，对待他人，也悦纳他人。要知道，尽管批评和苛责有的时候必不可少，但是真正能够使人心甘情愿改变自己的是赞美。

4. 当我们指责别人的时候，不如想想自己是否也有相似或者相同的缺点。所谓打铁还需自身硬，我们如果自己都做不好，又有什么资格指责别人呢！唯有与他人共勉，我们才能获得更大的进步。

成为欲望的主宰，掌控人生

人生在世，每个人都有欲望，每个人也都为了满足自己的欲望，不停地奋斗努力。然而，除了少部分人最终满足了自己的欲望，博得了成功的人生之外，更多的人在欲海之中浮浮沉沉，最终失败，或者沉沦。现实生活中，人们经常把“无欲则刚”这句话挂在嘴边，形容人只有远离世俗的欲望，才能达到至高无上的境界。这句话是林则徐在虎门销烟时写下的，全句为“海纳百川，有容乃大；壁立千仞，无欲则刚”。其实一个人要想真的成为成功者，就要减少世俗的欲望，这样才能傲然屹立于世，从而避免被欲望驱使，成为欲望的奴隶。

从本质上来说，欲望真的是可耻的且不能登上大雅之堂吗？其实不然。适度的欲望不但能够激发起人们的斗志，而且有可能帮助人们赢得人生的机会，改变人生的面貌。欲望，是人生的一种理想，也是人生目标。现代社会发展越来越迅速，物质的极大丰富使人们的欲望成倍增长，甚至泛滥成灾。为了追求权势名利，很多人违背自己做人的原则和道德底线，使自己陷入欲望的深渊，无法自拔。由此可见，欲望既能够驱使和推动人们不断进步，也会使人沉沦，最终违背自然、道德和法律。不可否认的是，这个世界上没有几个人能够真正做到无欲无求，我们只有适当地控制欲望，成为欲望的主宰，让欲望始终保留在合理范围内，才能让自己成为欲望的主人，让欲望成为人生的动力。

现代社会生活压力越来越大，工作节奏越来越快，人们为了满足自己的一己私欲，不停地努力奔波和奋斗。其实，欲望是深渊，永无止境。要想满足自身的欲望，最好的办法不是被欲望驱使着不断奋斗，而是要适度减少自己的欲

望。所谓天地虽宽，只需要一张眠床。人，就算是拥有再多的财富，也不过是一日三餐而已。从生命的本源角度而言，人生其实并不需要得到太多的身外之物，只要精神上感到满足，我们就能得到快乐。大部分人之所以感到苦恼，并非因为他们得到的太少，而是因为他们想要的太多。最终，他们才会伴随着无休无止的欲望，走入沉沦的深渊。在电视剧《人民的名义》中，陆毅扮演的反贪总局侦查处处长侯亮平，成功查处了一位国家部委的项目处长的家。这位处长不仅书柜里密密麻麻地摆满了钱，而且连床垫上面都铺满了一叠叠厚厚的人民币。不得不说，他的仕途最终结束在他的贪欲之中，最讽刺的是这位处长胆小如鼠，根本不敢花贪污的任何一分钱。在现代社会，《人民的名义》中反映的社会现状随处可见，尤其是官场的腐败，现实并不比影视剧中更好一些。所以说，作为当官的当权的，一定要合理控制自己的欲望，不要为了满足一己私欲，而贪赃枉法，愧对人民的期望和党的重托。

有一天，孔子正在讲课给学生们听，不由得感慨万千："迄今为止，我还从未遇到过任何正派刚直的人。"听了孔子的话，学生们全都非常惊讶，因为他们觉得诸如子路等人，都是正派刚直的。孔子门下也不乏很多弟子，在与人辩论时绝不退让，总是一副义正词严的模样，哪怕面对师长，他们也毫不畏缩。所以，学生们疑惑地问孔子："老师有很多弟子都是非常刚正的啊。"出乎他们的预料，孔子说："我的确有一些学生与人辩论毫不畏缩，看似刚直，但是他们之中有很多人都充满着欲望。"学生们更加不解："老师的得意弟子都很清正廉洁，为什么说他们欲望很强呢？"孔子笑着告诉学生们："其实，一个人的欲望并非仅仅指他们贪财，或者追求物质。很多时候，求胜，喜欢压人一筹，也是贪婪的表现。那些逞强好胜的人从不愿意退让一步，就是欲。而所谓的'刚'，并非指的是强硬，而是指一个人能够克制自己的欲望，不管在什么情况下，都不逞强好胜。"孔子的一番话使学生们恍然大悟，他们也更加深刻地理解了欲望的含义。

的确，现代社会中也同样有很多人充满了欲望，这种欲望不仅仅局限于金钱权势，也有可能是对成功的欲望，对抢占上风的欲望，甚至有可能是希望博得他人认可和尊重的欲望。作为现代社会的人，原本生活就很艰难，因此我们要尽量减少自己在方方面面面的欲望。其实，大多数人都追求的欲望并非是人生所必需的，甚至与人生的幸福快乐也并没有太大的关系。很多人之所以被欲望驱使，完全在于自己的内心不够淡定平和，因此才会不停地追逐那些身外之物，而忘记了关注自己的心灵。

孔子所说的“刚”并非指的是寸步不让的刚强，而是指做人的原则和底线。人们越是欲望成倍增长，就越是应该在自己的精神方面保持自己的本色。只有做到真正的无欲，我们才能变得彻底刚强，从而使我们拥有更广阔的人生天地。

情绪启示

1. 我们要想让自己变得强大起来，就要降低内心的欲望，这样才能得到更大的满足，获得人生的成就感。

2. 所谓知足常乐，这就是告诉我们要降低欲求，才能感受到幸福快乐，才能收获充实的人生。

3. 人的欲望是多种多样的，当我们感到内心贫苦，就要学会调整自己的心态，从而更好地享受人生。

学会张弛有度地生活

行走在大城市的街头，尤其是那些现代化的大都市，看着熙熙攘攘、川流不息的人群，我们感受到的是大都市的忙碌气息，也感受到生命的张力。生活在大都市，工作在大都市，有几个人能够舒适惬意呢？几乎每个人都行色匆匆，似乎每一分每一秒都是紧张地忙碌着，都不能浪费和错过。想一想小时候的生活，是那么的安闲舒适，不由得感慨现代人的生活真的太累了。

我们有很多理由奔波，诸如为了家人，为了自己的发展，为了造福于社会……形形色色的理由都可以支撑起我们忙碌的一生，或者是半生。毋庸置疑，人的欲望是永无止境的，尤其是在追求物质和金钱的道路上，那么多的奢侈品和消费品，使得我们目不暇接，根本来不及喘息片刻。人人都在追求幸福的生活，然而幸福真的能够具体化为那些金钱和物质吗？或者是房子，或者是豪车，或者是几万块钱的名牌包包……有了这些，真的就能幸福吗？现实告诉我们，在满足基本的需求之后，幸福与否实际上和金钱与物质的关系是很小的。金钱与物质，也许会给我们带来一时的满足感，毕竟我们是爱慕虚荣的，是很看重面子的，但它们不能给我们带来真正的幸福。人生如同拉琴一样，不管由于什么原因，假如琴弦始终绷得太紧，也许就会突然断裂，导致一起的努力都付诸东流。

人生看似是漫长的，实际上非常短暂，如同白驹过隙。当我们回首往事的时候，当我们已经垂垂暮年的时候，我们必然沉淀出人生中最有意义的过往。到时候你就会发现，除了感受，一切都不值一提。真正把握住幸福生活的人，对于人生不会有太多的遗憾。但是为了金钱名利而忙碌一生的人，大多数会感慨朝华易逝，人生一去不返。到那个时候，为时晚矣。

现代职场上，有很多拼命三郎。2016年，年仅30多岁的天涯社区的主编，在地铁站猝死，引起巨大反响，也使得更多年轻人开始反思自己的人生。工作的目的是什么？是为了幸福的生活。幸福的生活如何获得？必须非常努力地工作。然而如果为了工作，导致生活得很不幸福，那么不是本末倒置吗？所以，真正的聪明人懂得让生活的弦松紧适度，也知道生活应该有张有弛，才能趣味盎然。当然，我们也并非主张虚度人生，毕竟人生短暂，我们要想生活得充实而又意义，就要学会合理安排生活，让生活既有趣味，也有机遇，而且还能做出伟大的成绩。

自从买了房子之后，刘梅的生活就陷入极度的紧张和焦虑之中。为了房子，她每个月都要还5000多元的月供，这恰巧是她和丈夫收入的一半。剩下的5000多元，她不但要维持一家人的生活开销，而且还要负担儿子每个月1000多元的补课费用，这使她感到压力巨大。

刘梅的老公张强是从事销售工作的，收入原本就不稳定。没想到自从家里买了房子之后，张强的收入就锐减，每个月只有三四千元，这使刘梅更感到心急如焚，简直不敢想象接下来的日子要怎么过。她变得失眠焦虑，每天都在发愁月供的事情。渐渐地，她的身体感到极度不适，去医院检查，医生居然说她患了神经衰弱和轻度抑郁症。对此，刘梅意识到问题的严重性，她可不想自己还没住上新房子，就先倒下了，也不想把家中沉重的负担都甩给张强一个人。她做出了惊人的决定，拿出所剩不多的存款，决定和张强一起外出旅行。有人说她是在浪费钱，只有刘梅知道，自己的神经如果再不放松，就要彻底崩溃了。

在这个事例中，假如刘梅的情绪继续紧绷下去，日久天长，必然导致身体和心理都承担严重压力，从而使她身心俱疲，再也没有精力继续面对生活。所谓磨刀不误砍柴工，很多人都知道，适度放松反而能够提高生活和工作的效

率。记得在上学期间，有很多同学虽然费了牛大的力气，但就是无法把成绩提高。而有些同学每天都乐呵呵的，并不怎么刻苦读书，成绩反而很好。由此可见，人生的确需要调节才能效率倍增，否则一直被压力压着，心力交瘁，又如何能够获得梦寐以求的成功呢？

情绪启示

1. 一种乐器要想演奏出优美的乐曲，就必须保证它的每一根弦都松紧适度。这样，旋律才会有高有低，抑扬顿挫。

2. 生活不是一根绷紧的弦，更不可能永远绷紧。所以作为生活的主人，我们必须学会合理地调节生活。

3. 人生的确需要拼搏，但是人生也同样需要休息。只有张弛有度，人生才能精彩而又充实。

人生，有很多时候都是弯道

人生不是一条直线，很多时候，人生的路线蜿蜒曲折。尽管每个人都梦想着自己的人生能够一帆风顺，然而现实情况是，在人生的海洋上，风向总是不停地在改变，也许是推动我们的人生之舟不断向前，也许是阻碍我们的人生之舟前进。然而，作为一场没有终点的旅程，人生最重要的在于过程，而非终点。假如人人都坐上火箭直奔人生的终点，那么人生还有什么意思呢？精彩的人生必然有着充实的过程，而且作为人生的主角，我们也要在过程中领略人生不同的风景。这样的人生才是充实的，才有乐趣可言。

哪怕我们在人生的路途中遭遇很多的坎坷挫折，在时间的历练之后，这

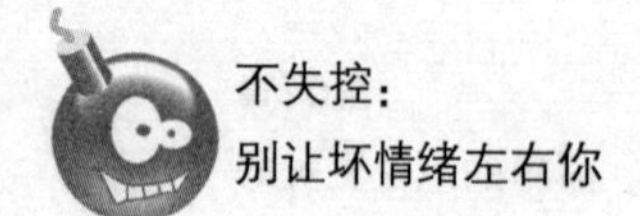

些艰难的经历也会沉淀下来，成为我们人生之中最宝贵的经验和财富。所以，我们在人生路上一定要迎难而上。在遭遇极致的黑暗时，我们要想到黎明即将到来；在看不到前路的方向时，我们要坚持下去，等待柳暗花明又一村。毋庸置疑，每个人在人生的路上都会遭遇无数的困难，然而，这些困难并非不可战胜。只要我们鼓起勇气，决不放弃，我们就能降服困难，也能够以迂回曲折的方式到达最终的目的地。

人生就像一场马拉松，我们每个人都在以自己的节奏向前奔跑，却从未想过自己会进入死胡同。实际上，对于心中充满希望的人而言，人生根本没有死胡同，更没有绝境。只要我们保持着昂扬的斗志，任何时候都不放弃希望，那么既然条条大路都能通到罗马，那么条条大路也能通向我们的人生目标。当遭遇障碍的时候，我们未必要迎难而上，也可以根据情况调整思路，从而找到更加合理可行的人生路线。总而言之，只要我们不放弃，就没有人能够使我们失去希望。

小妮虽然出生在农村，但是她从不胆怯，而且是个不服输的孩子。在父母辛苦供她上完高中之后，她以几分之差落榜了。原本，父母准备再咬咬牙，让她复读一年，但是小妮倔强地说："即使不上大学，我也能有出路。"没过多久，她就背起行囊去了南方。

在广州，小妮先是进入一家服装厂工作，每天都要在流水线上工作十几个小时。虽然一天下来感到精疲力竭，但是她从未放弃努力。一有时间，她就复习课本，想要等到来年再次参加高考。半年多的时间过去了，小妮突然发现自己对服装设计很感兴趣，尤其是看到厂子里的服装设计师们神气的样子，她下定决心成为一名服装设计师。

就这样，她一旦工作有闲暇，就去帮那些服装设计师们干零活，义务给他们打杂。看到勤奋好学的小妮，大家都很照顾她。一年多时间过去了，小妮对

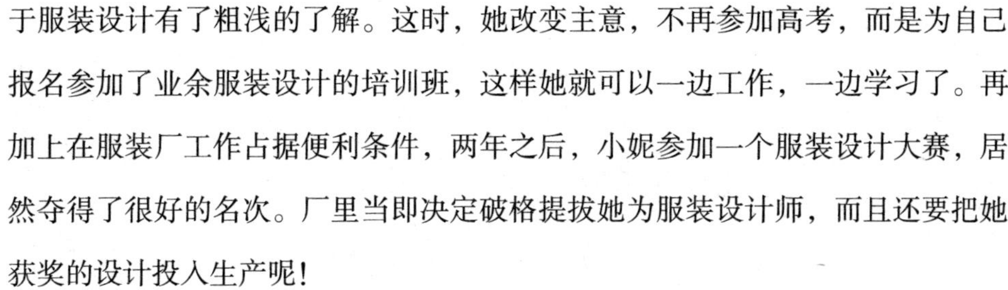

于服装设计有了粗浅的了解。这时，她改变主意，不再参加高考，而是为自己报名参加了业余服装设计的培训班，这样她就可以一边工作，一边学习了。再加上在服装厂工作占据便利条件，两年之后，小妮参加一个服装设计大赛，居然夺得了很好的名次。厂里当即决定破格提拔她为服装设计师，而且还要把她获奖的设计投入生产呢！

虽然没有考上大学，但是小妮有着不愿意屈服的心。在感受到自己对于服装设计的喜爱之后，她当机立断，抓住一切机会，竭尽所能地提升自己的服装设计能力。最终，她凭借着努力学习和在服装设计上的独特天赋，终于彻底改变了自己的命运，赢得了人生的转机。

朋友们，任何时候我们都要记住，人生绝不仅仅只有一条路可以走。我们应该让自己的思维变得灵活起来，千万不要一条道走到黑。现代社会有各种各样的机会让我们可以接受教育，我们只要愿意学习，就可以活到老学到老。在如此便利的条件下，一个人只要真心想要进步，总是能够进步的。所以，我们必须抓住诸多千载难逢的好机会，才能真正把握成功，收获人生。

情绪启示

1. 人生之中除了直行道之外，也存在很多弯路，我们要顺势而为，最大限度地发挥自己的能力，才能创造精彩的人生。

2. 现代社会，一个人想要提升自己，总能找到恰到好处的方法，所以我们任何时候都不应该放弃自己，更不应该对自己感到彻底绝望。

3. 希望是我们心中的旗帜。让我们扬起这面旗帜，带着信心和勇气，超越人生的弯路吧！

第08章

释放坏情绪——让身心愉悦舒缓，不要情绪垃圾

在街道上，几乎随处可见垃圾桶。人们也渐渐养成了随手把垃圾扔到垃圾桶的好习惯，从而保持了城市的清洁干净。不过，不仅是城市需要清理垃圾，人的心理也需要清理。尤其是现代社会，人们生存的压力很大，要想轻松地生活，就要保持愉悦的心情，赶走那些坏情绪，清除情绪垃圾，从而让我们的心更加轻松。

学会跳脱出世，才能看到更多的事情

很多人都知道脍炙人口的诗句——“横看成岭侧成峰，远近高低各不同。不识庐山真面目，只缘身在此山中。”这首诗是北宋著名诗人苏轼写的，本意是指人因为在庐山之中，被庐山遮挡住视野，所以无法辨识清楚庐山的真面目。现代社会，人们使用这句话表现人因为视野局限，导致以偏概全。的确，在游山玩水的时候，人会因为视野受限而不能看到景色的全貌，在观察人世间的人和事情的时候，人同样会因为视野受到阻碍，而无法全面认识人和事。从根本上来说，我们要想对人和事物有更加清醒的认识，就要超越自己的能力局限，超越自身。唯有如此，我们才能认清楚事情的全貌，洞察事情的本质，摆脱生活的烦恼。

现实生活中，每个人都有很多欲望，唯有摆脱自身的坏情绪，跳脱出世，才能使自己更加豁达。从某种意义上来说，生活就像是一颗话梅糖，虽然外表又酸又涩，但是本质是甜蜜的。我们唯有感受完酸涩，才能提升内心的甜蜜幸福，从而更好地揭开生活的面纱，用心品味生活的甘甜如饴。假如我们被生活困扰，被那些负面情绪裹挟着，远离幸福和快乐，那么我们就会心绪不宁，我们的双眼也会被蒙蔽，我们只能看到眼前苦难，而忽视生活的美好。实际上，整日抱怨并非梦寐以求的生活，我们必须跳出生活的怪圈，站在高处俯瞰生活，洞察生活的全景，才更能品味到生活的美好，享受到生活的幸福。

一直以来，小娜都很羡慕丝丝找了个有钱的老公。丝丝老公不但英俊潇洒，而且事业有成。看着丝丝出入大别墅，而且穿金戴银的，闺蜜们都很羡慕。尤其是小娜，为此很不平衡。她常常想：想当初在学校的时候，我可比丝丝优秀多了，但是没想到丝丝居然这么好命，成为了富太太。

一次，几个闺蜜聚餐，大家都有些喝多了。小娜羡慕妒忌恨地对丝丝说："丝丝，咱们几个人里，就数你命最好。你看看吧，你住着几百平方米的大别墅，出入都坐豪车，吃穿不愁。哪里像我们呀，老公无能，家里捉襟见肘的，这辈子也富不起来了。今天，必须你请客。"丝丝不以为然地说："我请客就我请客，反正我要钱也没什么用。"听到丝丝的话，小娜更加不平衡了，说："你这家伙，故意气我们是吧！要是钱多得真花不完了，就告诉我，我来帮你花。你不知道我们多么羡慕你啊！"丝丝有些落寞地说："我不知道你们多么羡慕我，你们也不知道我多么羡慕你们。虽然我老公看起来年轻英俊潇洒，而且事业有成，但是你们也要知道，像这样的钻石王老五要面对着多少诱惑。不说他花心，单单就是那些女孩硬追我老公，就足够他应付了。而且，因为有应酬，他一个星期里没有几天是在家里吃晚饭的，我就守着空荡荡的别墅，幸好还有个孩子，不然我还剩下什么呢？我倒是愿意住小房子，每天一家三口其乐融融，打打闹闹，这样反而更像过日子呢。就说你吧，小娜。你老公虽然是老师，很难有大的发展，但是也衣食无忧吧，而且你天天吃你老公亲手做的饭菜，不知道多么幸福呢！"听了丝丝的话，小娜恍然大悟。原来，她们羡慕小娜衣食无忧，小娜却羡慕他们一家人和和和美美，其乐融融呢！

人总是对自己的生活不满意，由此导致情绪低落，而又这山看着那山高，总觉得他人生活得比自己好。殊不知，很多时候，我们在羡慕他人，他人也在羡慕我们。任何情况下，我们都不能贪心不足，而要知足常乐，对自己的生活感到满意，我们才能得到更多的幸福快乐。

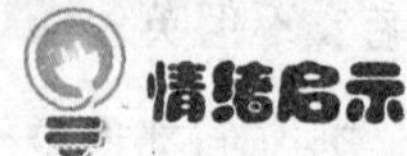

1. 当我们因为一些鸡毛蒜皮的小事烦恼不已时，不妨想一想什么才是真正的幸福，什么才是我们想要的生活。

2. 生活永远不会是十全十美的，我们不能因为生活的瑕疵一叶障目，而要更加用心地感受生活的希望和美好。要知道，幸福是需要用心感受和发现的。

3. 生活那么美好，我们必须拥有发现美好和感受幸福的心灵，也不要因为小小的不如意就否定生活。

学会忘记，不要被过去囚禁

鲁迅先生笔下的祥林嫂给人都留下了深刻的印象。起初，大家还同情祥林嫂的遭遇，但是随着祥林嫂讲述的次数越来越多，人们的同情渐渐消退，大家开始抱怨祥林嫂无休无止的讲述，也不愿意倾听了。尽管大多数人都知道祥林嫂不应该始终沉浸在痛苦中，但是现实生活中也有很多人和祥林嫂一样，他们不知不觉中就成为祥林嫂的翻版。诸如，有个人在工作上表现良好，但是在有晋升机会的时候，因为没有过硬的关系，被别人顶替了，受到了不公正的待遇。为此，他每天都四处向同事、朋友讲述这件事情，喊冤叫屈。渐渐地，别人从同情他到否定他，甚至还觉得像他这样啰里叭唆的人，就不应得到提拔，也根本不适合当管理者。

不仅工作中有“祥林嫂”，生活中也有很多“祥林嫂”。现代社会，人与人的关系越来越微妙，很多人都因为处理人际关系感到非常烦恼，甚至怨声载道。诸如一直以来最为敏感的婆媳关系。现实生活中，大多数婆媳之间的关系

都不是很好，有些媳妇抱怨婆婆没有把自己当亲闺女看待，却没有想到自己也从未把婆婆真正当亲妈对待。既然如此，彼此就都不要提出过高的要求。既然两个原本毫无瓜葛的女人因为一个男人有了联系，那么就都要牢记一个原则，即为这个男人好，爱这个男人。从这个最大的共同点出发，婆媳之间一定会更好相处的。假如婆婆整日对着媳妇挑剔，媳妇怎么看婆婆都不顺眼，这样怎么可能融洽相处呢！

此外，与朋友、同学、同事以及其他人相处时，我们要坚持这样的相处原则：任何时候，都不要过于苛责对方，而要宽容对待他人。哪怕他人有心或者无意做出错事，我们也要理解对方，从而帮助自己经营好人际关系，建立良好的人脉。

很久以前，有两个朋友结伴在沙漠中旅行。途中，他们发生争执，激烈地争吵起来。甲朋友还一气之下扇了乙朋友一个大耳光，乙朋友伤心极了，他一语不发，在沙地上写下一行字："今天，我和好朋友之间因为小事发生争执，他一气之下打了我。"不过，他们并没有分道扬镳，而是继续一起前行。很快，他们来到了海边。经过炎热缺水的沙漠旅行，他们全都迫不及待地跳进清凉的海水中，开始洗澡。然而，乙朋友在海水中腿脚抽筋，眼看着就要沉入海底了，甲朋友奋不顾身地游过去，将其救上来。乙朋友呛了很多水，被甲朋友抢救过来后，他在岩石上用刀刻上一行字："今天，我的好朋友奋不顾身救了我的命。"看到乙朋友的行为，甲朋友不解地问："我打你的时候，你写在沙地上，现在为何又要刻到石头上呢？"乙朋友想了想，回答："写在沙地上很快字迹就会消失，对于不愉快的事情，我也不会因此斤斤计较。但是对于你的恩情，我必须铭刻在心，所以要刻到石头上，这样才能时刻提醒我你的救命之恩，而且历经岁月和风雨，字迹也不会消失。"

不得不说，乙朋友是很明智的。他把自己受到的伤害和生活中的不愉快写在沙地上，而把那些值得铭刻的恩情刻在石头上，铭记终身。曾经有人说，我们只需要花一分钟就能找到与众不同的人，用一个小时的时间就能了解他，用一天的时间渐渐喜欢他，但是要想忘记他，必须穷尽一生。假如人与人相处都能知道何时把心事刻在沙子上，尽快忘记，何时把心事刻在石头上，永远铭记，那么人们彼此之间的关系一定会越来越和谐融洽，人际关系也一定会越来越好。

1. 人生不可能永远都是快乐的事情，很多时候，我们也会有不快，甚至还会产生愤怒。但是，我们要学会适时忘记这些使人消极低沉的情绪，而要更多地铭记生活中的愉快，这样才能让一切都发展得更加顺利。

2. 朋友们，我们一定要时刻提醒自己，不要成为新时代的“祥林嫂”。任何时候，我们都要珍惜生活中积极乐观的心态和情绪，让自己的人生变得阳光灿烂。

3. 学会遗忘吧。生活中最悲哀的事情，就是记住不该记住的，忘记不该忘记的，因此铭记和遗忘千万不能相互颠倒。

清除心理垃圾，快乐生活

现代社会，生活节奏越来越快，工作压力越来越大，人们的生活水平尽管随着社会的发展获得极大提高，但是人们的内心变得更加焦灼不安。跳楼的、自杀的或有恐怖行为的人越来越多，简直防不胜防。究其原因，都是由于人们内心浮躁导致的。人们虽然挣的钱越来越多，但更加缺乏安全感。相比之下，

尽管几十年前人们收入低，但是和睦安宁，很少有矛盾与纠纷。大家在呼喊着一切向前（钱）看的同时，人情味变得越来越淡，导致彼此之间的利益纠纷也更多。

现代社会是市场经济，一切都以效率为准。在如此巨大的压力下，假如我们不能做到及时清除心理垃圾，必然会因为生活中的负面情绪导致自身郁郁寡欢，最终无法承受。我们之中的很多人未免有些本末倒置，打着为家人创造美好幸福生活的口号四处奔波忙碌，回家之后却把工作中的情绪带回家里，导致家里人也跟着提心吊胆，郁郁寡欢，这岂非得不偿失吗？要知道，工作的目的是创造美好生活，而不是破坏生活。为了让生活始终幸福快乐，我们必须摆正工作和生活的关系，从而才能全心全意地工作，快快乐乐地生活。当然，清除心理垃圾的方式也是不拘一格的，只要合理合法，能够起到良好的效果，我们就可以采用。诸如向信任的人倾诉、写日记、发朋友圈、郊游，试着和朋友一起出去唱歌等，这些都是可取的。我们应该根据自身的实际情况，选择最适合自己的方式，及时发泄不良情绪，让自己变得轻松惬意。

原本，李伟是个工作狂，因为是从事销售工作，他一直都很拼命，哪怕周六日，也不休息。渐渐地，李伟的妻子彤彤有意见了，她抱怨：“人家工作是为了生活，你为了工作彻底放弃了生活。别人家的孩子周末都有父母陪着出去玩，咱们家的孩子周末只能窝在家里。”对此，李伟总是以为了家庭为由搪塞过去。

有段时间，李伟在工作上出了些状况，原本公司准备提拔他当区域总监的事也耽搁了。为此，李伟心情很不好，每次回家都面色凝重。有的时候孩子缠着他讲故事，他还会非常生气，大发雷霆。一天傍晚李伟下班回到家里，孩子不小心把他的笔记本电脑弄得死机了，他居然狠狠地扇了孩子两巴掌。正在厨房准备晚餐的妻子赶过来，一看到孩子屁股上鲜红的巴掌印，马上就爆发了，与李伟大吵一架，带着孩子回了娘家。看着空荡荡的家，李伟突然意识到自己错了。这么长时间以来，他起早贪黑地上班，很少休息，一直都是妻子带着孩子维护着这个家，使他的人生有了目标。他暗暗想道，如果没有妻子和孩子，如果他们生活得不快乐，自己还有什么动力工作呢？后来，李伟咨询了心理咨询师，因为他很迷惘。心理咨询师首先肯定了他为家人拼搏的精神，不过也建议他不要把工作上的情绪带回家里，影响家人，否则就会得不偿失。毕竟，家才是最重要的。在心理咨询师的建议下，他在办公室里种下了一棵“烦恼树”，每次下班回家之前，他都会把烦恼写在纸上，然后挂在这棵树上，从而带着愉悦的心情回家。而且，他还合理安排休息时间，尽量多抽时间陪伴家人。在他进行这番调整之后，他惊讶地发现他在工作上居然也有了很大的起色，一切似乎都变得顺利起来。

对于李伟而言，为家人奋力拼搏当然重要，给家人带来幸福快乐，也同样重要。现实生活中，很多朋友都会犯和李伟一样的错误，因为忙于工作本末倒置，也因为不懂得倾倒心中的垃圾，最终把郁闷的情绪传染给身边的人，使自己生活的环境也变得不快乐。

人生是不可能一帆风顺的，尤其是在现实社会中，每个人都要面临各种各样的压力。要想赢得人生，我们就不能被这些压力压垮，而要努力调节自己的心态，让自己赢得快乐的生活。

情绪启示

1. 朋友们，为了避免把工作中的负面情绪带回家里，我们也可以种植一棵“烦恼树”，它既可以是一株植物，也可以是一张图画，总而言之可以让你尽情倾吐烦恼。

2. 要想更好地生活，我们一定要弄清楚工作与生活的关系，这样才能避免

本末倒置。

3. 为自己准备几个情绪垃圾桶，及时倾倒情绪，这样才能帮助我们保持内心的清明。

4. 人生如同登山，我们只有及时丢掉那些负面情绪，才能做到轻松上阵。

假装高兴，就会真的高兴

人们常常以“强颜欢笑”形容他人内心悲伤但表面高兴。强颜欢笑的人只是因为不想被别人察觉自己的内心，所以才装出无所谓的样子，甚至还把笑容挂在脸上，做给他人看。这样的笑容不仅能骗别人，有时候，也能欺骗自己。也许有些朋友会问，我们总是因为心中的郁郁寡欢而感到失落，怎么可能因为强颜欢笑就快乐起来呢？假如你们愿意试一试，你们就会发现，在你心情低落的时候，如果你能够假装欢笑，那么你必然不能只是欢笑，而且还要在别人面前装模作样地与他人高兴地聊天交流。时间长了，你们会发现自己心底里的悲伤没有那么浓重了，心情好转的你甚至还会觉得原本郁积于心的那些不快，根本算不了什么。这样一来，你也就可以变得真正高兴。

也许依然会有很多朋友不相信这种现象，但是这的确是存在的，而且是卓有成效的。有些朋友会问，假如我不高兴的时候正好没有其他人在场怎么办呢？这也没有关系。你就算一个人高兴，诸如唱歌、购物或者是散步，只要做些让自己轻松的事情，你就能够真的缓解自己的不良情绪，从而让自己变得高兴。有些朋友在郁郁寡欢的时候喜欢去商场血拼，有些朋友则喜欢品尝美食，吃得饱饱的似乎填补了空缺的心灵。这都没关系，只要是没有危害的方式都可以作为我们假装高兴的有效途径。

其实，强颜欢笑有可能变得真的高兴，这是有心理学依据的。从心理学的角度而言，这是一种极强的心理暗示，而且还是一种付诸行动的心理暗示。此外，当我们开始做那些让我们放松的事情，我们无形中也就转移了注意力，从而帮助我们遗忘和消除了坏情绪。

东汉末年，曹操率领大军急行，讨伐张绣。当时正是炎热的夏季，太阳非常毒辣，天上连一丝云都没有，士兵们觉得特别口渴，也很疲劳，因而行军速度异常缓慢。有个年老体弱的士兵，出现明显的中暑缺水症状，晕倒了。曹操见此情形心急如焚，因为如果继续这样下去，不但无法准时赶到目的地，而且军队也会丧失战斗力，严重影响战斗的结果。思来想去，他喊来引路的人询问周围是否能找到水源，引路的人告诉他，必须走很远的路，才能到达山谷的那一侧找到水源。曹操意识到问题严重，在沉思片刻之后，突然策马奔腾，飞速赶到队伍前面，爬到一座小土丘上极目远眺，随后又佯装兴奋地赶回来告诉全体将士："诸位将士，我看到再往前走不远，就能赶到一大片果园，那里长满了梅树。沉甸甸、红艳艳的梅子，把枝头都压弯了，肯定鲜甜多汁。咱们加快速度吧，只要翻过那个土丘，就可以大饱口福了。"将士们听了曹操的话，果然口舌生津，每个人都一边吞咽唾沫，一边精神抖擞地快速前进。

这就是历史上非常有名的望梅止渴的故事。作为一名杰出的政治家和军事家，曹操无意之间使用了心理暗示的方法，激励将士们，使他们精神大振。在现实生活中，人们很容易就会接受心理暗示。这种心理暗示既可能来自他人，也可能来自我们自身，或者是来自外界。因而朋友们，在感到郁郁寡欢的时候，不如就采取心理暗示的方法，最快地调整自己的心情，让自己变得积极乐观起来。

情绪启示

1. 假装高兴，也可以变得真高兴。强颜欢笑，也能够真的改变心情。

2. 世界上除了事关生死的事情，其他的事情并非绝对重要，因而我们要放宽心，让自己拥有博大的胸怀，从而才能调整好自己的心态，让自己变得更加快乐。

3. 当然，在假装高兴的时候，我们除了暗示自己之外，还要切实做一些让自己能够放松的事情，这样才会卓有成效。

不要为无法改变的历史懊恼

人生有三天，昨天、今天和明天。其实，人真正能把握的只有今天。昨天已经成为过去，变成无法更改的历史，明天还未到来。只有今天，是我们此时此刻真正拥有的一天，也是我们能够主宰的一天。可以说，每个人只要把握好人生中的每一个今天，他的昨天就会精彩而辉煌，他的明天就会非常美好，使人憧憬。

生活中，很多人偏偏不明白这个道理，每次感到懊恼的时候，就会说“我当时……”“假如我当初……”“如果时间能够倒流……”等等。这些话有什么意义呢？任何情况下，这些话除了让我们变得更加懊悔和沮丧之外，对于事情没有任何好处。要知道，这个世界上有史以来就没有卖后悔药的。一个人无论多么懊悔，都无法使得时间逆转，更不可能改变曾经发生的一切。因此，无论我们对于今天的生活多么不满意，也不管我们对于未来有着怎样的幻想，我们都不能企图改变昨天。每个人唯一能做的就是向前看，朝前走，不回头。

退一万步说，如果真的时间倒转，让我们回到曾经的今天，我们还是会和现在一样，不知道未来是什么样子的，因而我们做出的选择未必会拥有比现在更好的结果。所以说，人们的很多假设只是听起来美好而已，一旦实现，任何细节都有可能使结果发生巨大的变化。人生不如意十之八九。任何时候，我们都要勇敢地面对现实，而不要沉浸在懊恼之中，否则我们的今天就会变得更加糟糕，我们的明天也会失去逆转的希望。

这个周末，小倩准备带着儿子去看电影，突然发现网上的特价票卖光了，只剩下正价的票，两张票就要多花几十块钱。小倩觉得心理不平衡，因而和儿子商量："要不我们去公园玩吧，票突然涨价了。"儿子有些不愿意，思考了一会儿才说："要是你想让我去公园玩，必须答应我带轮滑鞋。"小倩想了想，答应了儿子的请求。轮滑鞋已经一年没滑了，拿出来一看脏兮兮的，小倩对儿子说："这个鞋子可真脏啊，你一会儿离我远一点儿，别说我是你妈啊，穿着这么脏的鞋子简直太丢人了。"其实，小倩是在和儿子开玩笑，却没想到自己因此后悔了好几年。至今，这件事情依然如同一根刺一样扎在她的心里，使她一想起来就不得安宁。

到了公园，小倩想着儿子都八岁了，不用亦步亦趋地看着，因而就拿起随身带着的书，坐在长椅上开始看。儿子穿好轮滑鞋，就去滑。大概过了还不到十分钟，小倩抬头，看到二十米之外的儿子正坐在地上脱鞋。她原本以为儿子的鞋子不舒服，需要拖掉重新穿鞋，因而就再次低下头看书。然而再抬起头看向儿子时，却发现儿子已经趴在地上了，看起来很痛苦。小倩赶紧跑过去，这才发现儿子受伤了。儿子说不小心摔到了，但是腿很疼，不能动。小倩和另外一个妈妈把儿子搀扶到公园花坛边坐好，当把儿子受伤的腿抬起来时，她的手感觉到骨头摩擦，因而当即打电话给老公，让他过来送儿子去医院。小倩问儿子摔倒了为什么不喊妈妈，儿子说："你不是嫌弃丢人，不想让人知道你是

我妈妈吗？”到了医院检查之后，小倩如同遭遇晴天霹雳，儿子不但胫腓骨骨折，而且上下端还有严重骨裂，是粉碎性骨折。小倩懊悔不已，想到自己也许带儿子去看电影，就不会发生这样的事情。想到自己前段时间脚趾骨裂都那么疼，儿子在受伤的第一刻却因为她的一句玩笑话，不敢喊妈妈，独自承受着巨大的痛苦。在儿子打着石膏几个月都卧床不起的日子里，小倩不知道偷偷地哭了多少次。尤其是儿子骨折前几天疼得夜里胡乱喊叫时，她更是彻夜不眠，几乎崩溃。老公劝说她：“你也没想到会发生这样的事情，不要再自责了，这都是孩子应该承受的磨难。你要是垮了，谁来照顾儿子啊。”小倩忍受着内心的痛苦，照顾儿子，但是至今为止，这件事依然是她心里的刺。

所谓可怜天下父母心，父母都希望孩子能够平平安安的。然而，意外随时有可能发生，而且小倩在孩子受伤的问题上又有很大的关系，所以小倩才会始终为这件事情懊恼。孩子虽然很痛苦，却不知道他的妈妈要为此承受一辈子的痛。很多时候，我们明明知道事情一旦发生就无法逆转，但就是不能控制自己的情绪，让自己更加安心。

朋友们，你们在生活中是否也曾遇到过让自己无限懊悔的事情呢？与其沉浸在痛苦中不能自拔，不如想方设法地调整自己的心态，尽量弥补事情，这样也许会有好的结果。

情绪启示

1. 时光不会倒流，人生不会逆转。任何时候，我们都要向前看，只有迈过痛苦，我们的人生才能不断向前。

2. 即便说一千次“假如我当初……”，也不能改变任何既成的事实。

3. 生活中，每个人对于每个时间点发生的任何事情，都只有一次选择的机会。当事情发生了，我们需要做的不是懊悔，而是面对。

路见不平一声吼啊

前文我们曾经说过，人生在世难免遭遇不如意，在各种情况下，我们都要学会忍让。然而，我们也说了，忍让不是怯懦，不是无限度的退缩，更不是毫无原则的纵容。虽然我们要忍让他人，但是我们更要坚持自己做人的原则和底线，这样才能在遭遇不公平的时候，勇敢地为自己代言。毕竟，在这个纷争的世界，没有人能够真正做到与世无争。对于不值一提的小事，我们可以不以为然，但是对于涉及原则的问题，我们必须勇敢面对，为自己争取合法权益。

正如人们常说的，人善被人欺，马善被人骑。虽然我们不应该主动欺负他人，但也要坚持一定的原则，不能任由他人欺负我们。正所谓害人之心不可有，防人之心不可无。偏偏有些人就喜欢欺负人，他们一旦发现某个人好欺负，就会不停地欺负那个人。就像幼儿园里的小朋友一样，有个别小朋友喜欢打人，但是他们并不敢打比自己强壮的人，而是打那些不如他们的人。所以尽管现代社会并非弱肉强食，但是我们至少要学会保护自己的权利，维护自己的合法利益。我们必须记住，现代社会不需要老好人，任何情况下，我们都要讲究原则，虽然不需要斤斤计较，但是在必要的情况下还是要据理力争。否则，如果大家都是老好人，整个社会也就没有秩序可言了。因此，我们才要路见不平一声吼，不但对于自己，如果是处于正义的角度，也可以针对他人。

大学毕业后，小敏被分配到农村的学校当老师。和小敏同时分进学校里

的，还有小敏曾经的同学小芬。小芬上学的时候学习成绩就很差，后来，家里花钱，让她在县城的进修学校学了三年，也混了个老师当当。对此，小敏觉得愤愤不平，她暗暗想道：凭我的能力，一定能够让战胜她，让她现出原形。

出乎小敏的预料，小芬家里有钱，早在到岗之前，就已经给校长送了礼。因此，小芬被分到全校最好的班，只有23名学生，而且学习基础比较好，班里的平均成绩在镇上统考中次次名列前十。而小敏呢，家里没有给校长送礼，校长就把全校最差的一个班分给了小敏。不但人数是66个人，而且在小敏接手这个班之前，这个班平均成绩就是全镇倒数第一。当然，这些情况都是小敏之后才知道的。期中考试，小敏所带的班级理所当然地考了全镇倒数第一。对于这个成绩，小敏觉得很丢脸，她却万万没想到，更让她丢脸的还在后面。学校里每个教师都有五十块钱的避暑费用，但是主任在校长的授意下，直接把小敏的钱扣下来了，而且还提醒小敏："小敏，你再给我五十，才够罚款的。"看着别人都领到五十块钱，自己却还要交五十块钱，小敏不由得怒火中烧。她气得号啕大哭，对校长大喊大叫："校长，欺负我新来乍到不知道门道是吧。我偏要问问你，对于我这样一个没有经验的新手老师，你为什么要把原本就全镇倒数第一的班级交给我带？让我背黑锅，还有脸罚我的款啊，你怎么想的呢？"这件事过后，校长再也不敢随便欺负小敏了。

对于两个同样没有经验的新老师，校长给其中一个安排了最轻松、基础最好的班级，给另一个安排了最累、基础最差的班级，真可谓是司马昭之心，路人皆知。小敏刚刚走上工作岗位，根本不知道其中的门道，所以才会被校长欺负。知道其中的缘由之后，小敏当即强势反击，至少也要让校长见识到她的厉害，这样他以后才不敢轻易欺负她。小敏的做法是对的，因为社会上就是有很多人喜欢欺软怕硬，而且就如同现在正在热播的反腐大剧《人民的名义》中的某些官员一样，哪怕当个芝麻大的小官，也要贪污受贿。这一声吼吼得恰到好处，如果小敏没有为自己喊冤叫屈，也许校长还会继续欺负她。

现代社会，人与人之间的合作越来越密切，利益纠纷也越来越多。在遭受到不公平待遇时，我们就是要竭尽所能地维护自身的合法利益和权利，这样才能维持社会的秩序。对于很多正直的人而言，哪怕是别人的事情，他们也绝不事不关己，高高挂起，而是会路见不平，拔刀相助。归根结底，社会的良好秩序要靠每个人用心维护。所谓千里之堤，溃于蚁穴，一件看似不起眼的小事情，也很有可能导致社会秩序混乱，扰乱公平。

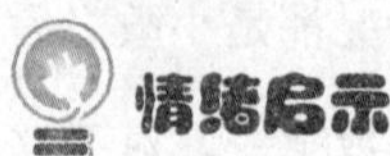

1. 现代社会不需要老好人，老好人除了受人欺负之外，还会因为自身破例扰乱社会秩序，实在不可取。

2. 当我们的劳动成果被人窃取时，我们一定要坚决维护自身利益，这样才能赢得他人的尊重，也才能让他人意识到我们是有原则有底线的。

3. 适时地一声吼就能帮助我们赢得尊严，何乐而不为呢！

抛开情绪包袱，人生路上轻松上阵

曾经有个年轻人，觉得生活无望，非常迷惘。为此，他找到一位智者请教人生的智慧，智者什么也没说，只是给了年轻人一个背篓，让他背着上山，而且路上遇到漂亮的石头，就捡起来放到背篓中。尽管年轻人不明就里，但他还是按照智者的安排，背起背篓上山了。在上山的路上，他一边走一边捡起自认为好看的那些石头，结果刚刚走过半山腰，他就被沉重的背篓压得喘不过气来，历经艰难才爬到山顶。

到了山顶之后，他发现智者已经站在山顶等他了。年轻人赶紧抱怨："大师，我的背篓实在太沉了，里面装满了石头。"大师依然一语不发，沉默良久，大师告诉他："现在开始下山，每走一个台阶，就丢掉一块石头。"年轻人领命而行，越走越轻松，很快就来到山下。这时，大师才告诉他："人生也如同登山，负重而行必然艰难，只有丢掉那些不必要的负担，才能轻装上阵。"年轻人恍然大悟。

的确，人生就如同登山，我们时而走在上坡路，时而走在下坡路，但是只要我们负重，人生的路就必然变得很艰难。当然，我们也不能两手空空，否则我们的奋斗还有什么意义呢？因而这就需要我们把握好度，唯有带着不多也不少的东西，我们才能既轻松，又有资本。在人生的路上，我们并非一味地得到，也要学会舍弃，诸如我们要定时定期地整理自身的行囊，这样才能及时清除不需要的东西，也把那些自己真心喜欢和需要的东西放入背篓中。总而言之，我们必须做到适度负重，才能轻松前行。

有些朋友也许会觉得很困惑，不知道人生之中的哪些东西是我们应该保留的，而哪些东西又是我们应该及时舍弃的。其实，这很简单，我们选择丢弃或者留下某些东西，完全取决于它们对我们人生的作用。假如它们是积极的，能够促进我们人生发展的，我们就要背负它们；假如它们是消极的，会给我们扯后腿，那么我们就要坚决舍弃。唯有如此，我们才能扔掉不必要的负担，更快地行走在人生路上。举个最简单的例子，诸如那些负面情绪就是我们人生的包袱，我们要将其扔掉，才能怀着愉悦的心情不断进步。

大学毕业后，小童为了留在学校当老师，与谈了五六年的女朋友分手了，选择与大学老师的侄女在一起。就这样，原本不够资格留校的小童，在大学老师的鼎力帮助下，得以留校担任辅导员。虽然他的确是走了捷径，但是他始终没有忘记这一点，所以在大学校园里他始终兢兢业业，根本不敢有片刻放松。

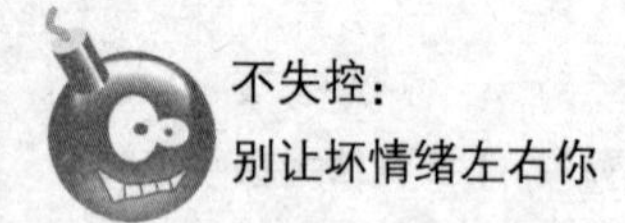

几年的时间过去，小童考上本校的研究生，最终继续深造，成为正式的老师。转眼之间，十年过去了，老师对小童说："小童，你不要带着情绪的包袱工作和生活。毕竟，你和你爱人还是有感情的，你们理应过上幸福的生活，你也的确是有才华的，你理应留在大学校园里教书育人。"老师的一番话让小童彻底卸下内心的重担，他这才彻底放松，尽情享受生活和工作。

对于小童而言，始终牢记着自己当初是如何留校的，就是一种情绪包袱。其实，人生的路并非都是直的，也可能是弯曲的。在人生的某个阶段，当我们特别想得到某种东西时，我们难免会为此想出一些方法，只要这些方法没有伤害他人就可以。即使无奈之下伤害了他人，随着时间的流逝，我们也应该放下心中的囚牢，让自己彻底解脱出来。

情绪启示

1. 人生减负，不但要减少内心的欲望，而且要减少情绪上的负担，唯有轻松愉悦地一路向前，我们在人生路上才能一路欢歌，一路收获。

2. 英雄不问来路，如同事例中的小童一样，哪怕在最初是有人扶持的，未来只要证明了自己的实力，也可以通过自身努力获得成功。

3. 对于那些微不足道、不值一提的小事，我们更要学会遗忘。毕竟只有轻装上阵，我们才能赢得人生的诸多先机。

第09章

再愤怒也不能失控——别让愤怒的魔鬼控制你

人们在愤怒的时候，事情非但不会如同人们所期望的那样朝着好的方向发展，反而会朝着相反的方向发展，最终导致事情更加糟糕，也给人造成伤害。在现代社会，一个人是不可能没有情绪的，人们总是要遭遇各种各样的事情，因而情绪始终起伏不定，导致人生也变得动荡不安。简而言之，人在愤怒的时候就会彻底变了模样，尤其是被愤怒驱使的人，更会伤人害己，导致事与愿违。所以朋友们，千万别让愤怒的魔鬼控制你，只有成为情绪的主宰，掌控愤怒，我们的内心才能获得真正的平静。

愤怒是魔鬼，使我们瞬间变了一个人

通常情况下，脾气暴躁的人很难控制情绪，和理智的人能够主宰情绪不同，他们很容易受到情绪的影响。当然，脾气不好的人未必是坏人，很多好人也会因为性格急躁，看不得别人慢慢吞吞的，或者因为原则性强，他们也会表达自己内心的诸多愤怒感受。因而人与人在相处的过程中，必须彼此磨合，多理解和体谅，这样才能使彼此的交往更加和谐融洽，也才能建立良好的人际关系。

任何时候，愤怒都会使人变成魔鬼，尤其是失控的愤怒，在这个浮躁的社会中，更是容易使人变得焦躁不安、虚伪肤浅，也正因为如此，有很多人因为愤怒导致冲动，又因为冲动做出让自己追悔莫及的事情，最终悔不当初。从心理学的角度而言，这几乎是社会的通病，所以我们作为现代人，更应该努力调整自身的心态，成为情绪的主人，不要因为那些小事导致情绪失控，更不要纵容愤怒的火山喷发，导致严重的后果。

也许有些朋友会说，愤怒根本无所谓，无非是提高说话的声音，让说话的语气变得更加严厉而已。其实不然。也许我们自己觉得愤怒无关痛痒，但是难以保证其他人不会因此受到伤害，与我们产生隔阂。尤其是那些我们最亲爱最亲近的人，更容易因为我们无缘无故的愤怒，感到痛心。

如今是网络时代，大多数新闻都会在第一时间流传于网络。几乎每天都会

看到有人因为愤怒，做出冲动之举。诸如一个城管驱赶卖糖葫芦的商贩，卖糖葫芦的商贩居然因为愤怒，把糖葫芦的竹签刺入城管的颈部。还有一个取钱的小伙子，因为速度太慢，被后面的人催促，发生口角，居然被后面的人用刀刺死。这都是愤怒惹的祸，它使人瞬间变成了魔鬼，不但伤害了他人，也彻底改变了当事者的人生。所以朋友们，我们一定要主宰自己的情绪，控制自己的愤怒，因为一个人一旦失控，是什么事情都有可能做出来的。等到我们恢复冷静的时候，往往会感到追悔莫及，再也无法挽回了。

人们常说："生气是用别人的错误惩罚自己。"这句话说得非常有道理，人在生气的时候，不但情绪波动，而且身体也会产生相应的反应。诸如有些朋友愤怒的时候，总是怒目圆睁，气喘吁吁。自古以来，被气死的事情时有发生，更别说现代人有着各种各样的慢性疾病，愤怒更是容易导致猝死。东汉末年，诸葛亮就活活把周瑜气死了，周瑜临死之前，还不甘心地说："既生瑜，何生亮！"他死的时候，只有三十六岁。古人也说，气大伤肝，由此可见愤怒真是有无数的坏处，对我们绝没有好处。还有科学家证实，经常郁郁寡欢、怒火中烧的人，很容易身患癌症。所以朋友们，即便我们不考虑太多因素，而仅仅为了自身健康考虑，也应该尽量减少愤怒，不被愤怒驱使。

情绪启示

1．当我们的内心充满愤怒，我们就会彻底失去理智，而且智商降低，不得不说，愤怒不但伤害我们的身体，对我们的整个人生都毫无好处。

2. 每个人的愤怒都是有原因的，而且是针对某个对象的。在我们发怒的时候，必然伤害他人，导致他人与我们之间产生隔阂，再也无法和谐相处。

3. 愤怒的危害非常严重，它还会剥夺我们幸福生活的权利，使我们无法拥有幸福快乐的人生。

愤怒，无法帮助你主宰他人

从心理学的角度进行分析，愤怒是人的自然反应，当然，愤怒也并非很常见，而是人们在极端情况下的严重反应。现代社会，一个人即使能力再强，也无法仅仅依靠自己的能力，就获得成功。因而，我们必须学会与他人合作，才能借助于团队的力量取得成功。在这种情况下，我们不能以情绪作为借口，肆无忌惮地向他人发泄自己的愤怒，否则我们的人缘就会越来越差，我们自己也会因此受到严重的负面影响。

其实，很多时候愤怒并非是强者的表现，真正的强者常常胸有成竹，因而能够做到坦然面对他人的伤害和挑衅。反倒是那些内心空洞的人，在感到内心空虚或者理不直气不壮的时候，会用愤怒来掩饰自己，让别人误以为他是强者。但是，他自己心里很清楚，他只是用愤怒为自己壮大声势而已。在这里，我们必须阐明的是，愤怒并不能帮助你主宰他人，也许你能够借助于愤怒临时震慑他人，但是归根结底，你的内心会表现出来，你的一切也都会让人一目了然。

真正的强者，不会用愤怒为自己增加威慑力。他们有着充分的自信，不管面对什么事情，都能做到从容不迫。从心理学的角度而言，人的愤怒可以分为消极的和积极的，也就是我们上文所说的虚伪矫饰的愤怒和真正的愤怒。所谓消极的愤怒，其本质是充满恐惧的，而所谓积极的愤怒，则表现出正向的能

量，给予人们爱、关怀等。其实，所谓的弱者和强者的最大区别就在于，弱者让情绪主宰自己，强者让自己主宰情绪。尤其是现代社会每个人的压力都很大，我们唯一需要坚持的就是主宰情绪，把消极情绪从我们的生活中彻底清除掉。

当我们的内心足够自信，当我们能够主宰自己的人生，我们也就能够控制愤怒，从而从容面对这个世界。真正的自信不是用愤怒伪装出来的，真正的威信是不怒自威。我们只有更加理智地面对一切，从容淡定，才能赢得人生。科学家经过研究证实，人在愤怒时智商会极速下降，这也是为什么人们总是对自己在暴怒之下做出的事情懊悔不已的原因。所以我们一定要记住，暴怒之中最需要的是冷静，而不要急于做出什么事情。也许，你在暴怒之中，最应该说的话就是："稍等片刻，我马上就回来。"要知道，一切的话说出口，一切的事情做了，就再也没有机会挽回了。所以我们如同老司机遇到红绿灯一样，应该宁停三分，不抢一秒，这样才能帮助我们恢复理智，恢复智商，从而也避免了失策。

记得曾经有人说，上帝要想毁灭谁，必定先使其疯狂。人生在世，有谁的人生会是一帆风顺的呢？我们必须忍受磨难，才能获得最终的成功。当我们的内心提高到一定的境界，我们的外表也会有所表现。很多人之所以看起来不怒自威，或者是给人和善的感觉，就是因为他们拥有同样的内心。所以朋友们，要想让自己树立威严，要想主宰他人，我们最重要的不是愤怒，而是要不断提升和完善自我，从而给予自己更多的资本和尊严，傲然屹立于世。

情绪启示

1. 常言道，人有悲欢离合，月有阴晴圆缺。任何人在一生之中都会遭遇各种坎坷挫折，也会经历很多磨难和不愉快。在这种情况下，我们一定要主宰自身的情绪，从而始终保持理智和冷静，力争圆满地解决问题。

2. 细心的人会发现，越是成功者，越是能够忍受人生的磨难。这也正应了古人的那句话，吃得苦中苦，方为人上人。

3. 我们无法改变外界，但是我们可以控制自己的内心。任何时候，我们都要坚守自己的内心，以不变应万变，从而让自己的人生更加从容。

提前排查愤怒的导火索，让一切更从容

在现实生活中，愤怒是很常见的感情，也可以说愤怒是人之常情，是正常生活中必不可少的一部分。归根结底，人们都是有七情六欲的，所以在面对人生之中的诸多变故时，人们难免会产生情绪波动，在极其生气的情况下，愤怒也就应运而生。

从本质上来说，愤怒属于认知情绪，是人正常的心理反应。然而，凡事过犹不及，当愤怒失去控制，当人因为愤怒变得歇斯底里，愤怒就会具备极其强大的破坏性。正如前文所说的，愤怒会使人瞬间完全改变，变成冲动的魔鬼，做出让自己追悔莫及的事情。从这个角度而言，我们理应寻找合适的方式，从而调整自身的情绪，让自身变得更加理智、平静。我们必须记住，我们最终的目的是控制愤怒，而不是显示自己多么高明。所以凡事都应该防患于未然，才能起到最佳的效果。从这个原则出发，我们也应该提前排查愤怒的导火索，才能有效控制自身的愤怒。

毋庸置疑，愤怒的产生都是有原因的。所谓解铃还须系铃人，任何情况下，我们要想解决问题，都要从根源着手，才能事半功倍。这样一来，我们消除愤怒的方式就变得和传统的“制怒”完全不同。如果说传统的“制怒”是强制的方法，那么从根源上排查原因，杜绝愤怒的产生，则更加从根本上解决了

问题。毕竟，强行压制愤怒也并非能起到良好的效果。所以从根本上杜绝愤怒的产生，就能最大限度避免愤怒带给我们的恶性伤害。

以形象生动的比喻来说，愤怒的导火索就是愤怒的种子。这些种子或者是后来才有的，或者是很早就隐形存在的。诸如，愤怒的家庭里，更容易播种下愤怒的种子。如果孩子的爸爸从小就经常挨揍，那么在他长大成人，成为父亲之后，他也会经常揍自己的孩子。情绪是可以遗传的，这一点已经得到心理学家的证实，因而父母们一定要多多留心，经营好家庭。怒气一旦产生，就宜疏不宜堵。很多人都压制自己的怒气，殊不知怒气经过不断积累之后，会彻底爆发，如同火山喷发一样造成非常严重的后果，这反而就得不偿失了。此外，还有人说现在整个时代都处于愤怒之中，人们唱歌要声嘶力竭地吼叫，网络上充斥着各种愤怒的声音，战争也蠢蠢欲动。究其原因，是因为现代人充满了物质的欲望，越来越忽视自身的心灵，从而使得灵魂空洞，人性干涸，人与人之间日渐冷漠。在这个无助的时代，愤怒的确已经成为人们的共情，让人情何以堪，无法面对。

当然，我们只是说了愤怒之所以产生的大环境。在现实生活与工作中，愤怒往往是由很多不值一提的小事引发起来的。诸如，我们在路上走着，不小心被他人撞到，由此产生愤怒，彼此纷争不断，从而引发肢体冲突，由此事态升级。农村地区，邻居之间发生打架斗殴，甚至最终闹出人命来，只是因为宅基地的问题，或者是住宅下水的问题。总而言之，愤怒产生的原因形形色色，难道在这个世界上与生死相比，还有更重要的事情吗？当然没有。所以要从根本上消除愤怒，我们就要端正自己的心态，从而让自己心胸开阔，不再因为那些鸡毛蒜皮的小事情动辄大动肝火。不管愤怒的原因是什么，愤怒都来自于我们的内心，是我们心理失衡状态下的心理反应。所以，要想排查愤怒的导火索，我们就要更加理智从容，拥有自制力。

情绪启示

1. 压抑愤怒不但没有任何好处，反而会使愤怒不断积压，最终导致愤怒的火山彻底喷发。

2. 在事情没有发生的情况下及时预防，这是很多难题的最好解决办法，对于愤怒也是如此。我们如果能够提前排查愤怒的原因，提醒自己不要生气，更不要被怒气冲昏头脑，也许就会少做一些让自己追悔莫及的事情。

3. 正如富兰克林所说的，愤怒一定是有原因的，我们唯有找到愤怒的原因，才能从根本上解决问题，杜绝愤怒的发生。

三思而后行，才能谨言慎行

生活中，人们常常劝说他人要谨言慎行，三思而后行。顾名思义，这就是告诉人们要控制自己的激动，不要在冲动之下做出让自己追悔莫及的事情。归根结底，愤怒并不能解决问题，反而会使问题更加糟糕，所以我们必须牢记“忍一时风平浪静，退一步海阔天空”的道理，从而避免鲁莽行事，也作出适当的忍让。

当然，忍耐是要分情况的，忍耐不是怯懦，也不是软弱。在忍耐的同时，我们要知道“留得青山在，不怕没柴烧”的道理，从而帮助自身更好地保全实力。然而，很多人在生活中总是过于急躁，不管做什么事情都雷厉风行。殊不知，这样的急躁不但无法抢占先机，反而会因为急于求成，导致事情背道而驰。和卧薪尝胆的勾践不同，西楚霸王项羽可谓是英雄人物，但是他最终的结局却让人感慨遗憾。他原本可以渡过乌江，去江东称王称霸，但是他宁为玉

碎，不为瓦全，不顾乌江亭长的劝说，拔剑自刎。试想，当时项羽如果能够忍辱负重，保存实力，也许后来还会彻底改变历史，甚至一统天下。但是，没有人知道他活着会如何，因为他死了，死在乌江边上。

一直以来，我们都对宁折不弯的人推崇备至。当然，在面对敌人的威逼利诱时宁折不弯，誓死不从，是值得钦佩的气节和勇气。但是在有些情况下，忍辱负重却表现出更加值得赞许的智谋。人生的道路并不总是直的，时常蜿蜒曲折，实现目标的方法也并非只有一种。只要我们心中牢记目标，怀着希望，我们最终就能柳暗花明又一村。所以朋友们，当你们在生活和工作中遭遇困难的时候，与其两败俱伤，不如迂回曲折。正因为大多数人都选择了偏激的坚持，所以人们才会忽视三思而行、忍辱负重的作用和效果。

有一天，大名鼎鼎的哲学家苏格拉底给学生们上课。他走入课堂，一语不发地拿出一个红艳艳的大苹果，问在场的学生们："你们闻到空气中的气味了吗？"很快，就有一个学生说闻到了苹果的香气，因而苏格拉底拿着苹果在教室里来回走动，经过每一位同学的身边。他再次要求同学们认真闻一闻苹果的味道，这时候除了一个同学说自己没有闻到任何味道之外，其他同学都异口同声地表示他们闻到了苹果的香气。苏格拉底再次与那位同学核实："你真的没有闻到苹果的香气吗？"那位同学很肯定地说："的确没有任何味道。"这时，其他同学纷纷嘲笑这位同学的鼻子出了问题，苏格拉底却说："恭喜你，你答对了，因为这根本不是一个真苹果，而是一个假的塑料苹果。"后来，这位同学成为了苏格拉底齐名的哲学家，他就是柏拉图。

现代社会，很多人盲目迷信权威，对于权威所说的任何话，他们都毫不怀疑。但是他们忘记了自己也长了一个脑袋，遇到任何事情都应该认真观察，进行思考。有的时候，我们亲眼看到的未必是真的，亲耳听到的也未必是真的，只有我们经过慎重思考得出的结论，才是我们可以信任的。

很多人自以为谨慎，但是总是盲从，这怎么能算是谨慎呢？真正的谨慎是认真细致地观察之后，用心思考得出结论，做出选择，绝不是人云亦云。而且，在遇到任何难题的时候，我们无须急于给出选择。否则，选择错了，非但无法起到正面积极的效果，反而会导致事情更加糟糕，事与愿违。

情绪启示

1. 现代社会，盲从的现象非常严重，任何时候，我们都要自己思考，发出自己的声音，才能最大限度发挥主观能动性。

2. 谨慎的思考才能帮助我们做出理智的决定，任何时候，我们都要有自己的思考，才能拥有与众不同的人生。

3. 在遇到困难的时候，我们不要急于逃避，而要潜下心来认真思考，才能做出明智的决断。

发怒是最糟糕的解决方法

瑞士著名的心理学家维雷娜·卡斯特曾说，不管怒气以何种形式出现，都意味着对他人和世界的攻击。的确，一个人在愤怒的状态下就会彻底改变，不但失去理智，头昏脑涨，而且也因为智商降低失去判断力，最终导致歇斯底里地做出让自己懊悔不已的事情。由此可见，愤怒根本无法解决任何问题，只会使问题变得更加糟糕。从这个角度而言，明智者不会动辄感到愤怒，而是会在问题发生之后保持冷静和理智，从而才能进行卓有效率的思考，最终找到解决问题的方法。

作为邻居，老马和老张家一直都相处得很好。不过，近来老马家正在建造

新房，屋脊变得比老张家高了，为此老张一直很不高兴。有一天，老马来和老张商量两家是否应该合资建造一个下水管道，老张不悦地说："你家盖新房，我为什么要出钱呢！你这么有钱，还值得来找我要钱啊！而且，我家有下水道，不需要新建下水道。"原来，老张家的下水道是老的，流水必须经过老马家门口。老马家盖了新房子，当然不想家门口再有污水流过。

两人不欢而散，老马回家告诉儿子，说老张家根本不愿意一起建造下水道，肯定是在使坏，就想把污水流到他们家的门前。小马一听不愿意了，径直冲到老张家，指着老张的鼻子说："你这个老家伙，看到别人盖新房不得劲，所以就使坏是吧？告诉你，以后你家的污水不许经过我们门前，不然就别怪我不客气了。"小马这一顿挖苦讽刺使老张心情郁闷，等到他的儿子小张回到家里，他听说后怒火中烧，居然拿着菜刀冲到老马家里。最终，邻居之间发生一场血斗，原本关系和睦的老张和老马家大打出手，小张把小马刺了好几刀。最终，小马进入医院抢救，小张则进了监狱，老马家的新房也空置了。

如果老张和老马交流得能够顺利一些，彼此能够相互体谅，心平气和，他们也就不会发生争执，更不会连累彼此的儿子一个受伤、一个坐牢，导致原本高兴的事情变成了悲伤的事情。

不管发生什么问题，发怒都是最糟糕的解决方法，不但对于解决事情没有任何好处，反而会使事情变得更加糟糕。既然怒气会使人的智商降低，聪明的我们当然不能随便发怒，更不要因为愤怒导致一切无法收场。归根结底，事情总要得到解决，不管是逃避还是发怒，都无法使事情得到根本的解决，唯有保持冷静和理智，才能真正解决问题。

情绪启示

1. 愤怒永远无法解决问题，因此在愤怒的时候，我们最先要做的就是保持冷静理智。这样才能使我们心思敏捷，也才有助于解决问题。

2. 愤怒对于人生很少起到积极的作用。作为明智者，面对愤怒，我们必须调整好心态，才能控制情绪，也才能让诸多难题得到最佳解决。

3. 既然发怒是最糟糕的解决问题的办法，我们就要开动脑筋，尽量找到更多更好的办法，这样才能合理解决问题，也帮助我们提升素质。

4. 通常情况下，喜欢发怒的人都不够自信，真正的强者是不会用怒气来掩饰自己的脆弱的。所以，我们必须努力提升自我，变得自信和勇敢。

第10章

适当发泄很重要——小心警惕你的烦躁情绪

人都有七情六欲，每个人也都有自己的脾气秉性和情绪。有的人很善于控制自己的情绪，所以在生活和工作中始终能够保持平静、理智；有些人则不善于控制自己的情绪，总是被情绪左右，导致情绪波动，变幻莫测。殊不知，情绪化是人际交往的大忌，当然这并非说我们要压抑自己的情绪，而是说我们在有负面情绪的时候，要及时发泄，从而做到心平气和，不再焦躁不安。

静心，才能控制自己的烦躁情绪

生活中，有很多人都特别情绪化。他们经常因为一些小事情就情绪波动，在有了坏情绪之后，又不注意调整自身的情绪，从而影响心情。这些负面情绪在人的心中不断膨胀，最终会如同火山一样爆发，导致人际关系变得恶劣，我们的身体和心理健康也受到影响。

现代社会，人际关系已经被提升到前所未有的高度，很多人都会因为情绪影响，导致与他人产生隔阂感，不知道如何更好地相互理解和体谅。因而，人们在抱怨缺乏志同道合的朋友时，应该从自身出发，自我反思，从而才能让自己心平气和，也与他人搞好关系。此外，生活和工作都需要我们拥有好情绪。假如我们始终烦躁不安，我们又如何成就精彩的人生呢？

很多人都喜欢幽谷之中的兰花，也欣赏墙角暗自绽放的梅花。不管是兰花还是梅花，都具有清幽之美，它们的美丽恰恰在于安静，在于内敛。做人也应该如同梅兰竹菊一样，这样一来，我们的内心安静了，我们自然能够有效控制自己的情绪，避免愤怒，避免因此导致的人生动荡不安。

当然，也许有些朋友会说，我们需要激情创造辉煌的人生。人生有追求的确是没错的，我们也确实应该满怀激情地对待人生，然而，人生不会是一帆风顺的，每个人的人生既有波峰，也有波谷。当人生遭遇坎坷和困难的时候，我们与其沉沦，不如努力奋进，要知道，当事情到了最糟糕的情况，也就意

味着转机即将出现。很多人之所以获得成功，就是因为他们熬过了最艰难的时刻；很多人之所以失败，就是因为他们在即将柳暗花明的时候选择了放弃。由此可见，我们必须保持平静的心态，静下心来，才能从容迎接人生，勇敢面对人生。大多数心浮气躁的人是很难有好的心境，也是无法从容拥抱生活的。

现代社会的生活节奏越来越快，工作压力越来越大，每个人都变得更加浮躁，不知道如何潜下心来面对生活。在这种情况下，静心就变得更加重要。从本质上来说，尽管我们的人生受到客观外界的影响，但是我们的人生也同样取决于我们的内心，受到我们内心的影响。心态平和者与心态浮躁者，拥有的人生是截然不同的。正如人们常说的，心静自然凉，我们也要说，心静才能坦然面对人生，突破人生的一切困境，获得成功。毋庸置疑，每个人都想拥有精彩的人生，都想获得美满的人生，然而，我们很难顺心如意，人们的很多美好祝愿通常只能停留在空虚的阶段，大多数人要不断地奋斗和努力，才能越来越接近理想的生活。

情绪启示

1. 正如人们常说的，心安是归处。任何时候，我们都必须静心，才能心平气和地迎接和拥抱生活。

2. 当我们远离妒忌、愤怒等负面情绪，我们也会得到更多的快乐和安宁，从而使我们获得内心的宁静。

3. 只有静心，我们才能坦然面对生活的一切馈赠，才能有效控制那些负面消极的情绪，也才能远离焦虑和烦躁。

急于求成，只会导致事与愿违

现代社会，浮躁的现象变得越来越严重，很多人为了追求所谓的金钱权势，变得不择手段，急功近利。然而，急于求成只会导致事与愿违。做人做事，不管什么时候都应该脚踏实地，一步一个台阶。要知道，任何事情都是有规律的，我们即便再心急，也不可能打破规矩，一口吃成胖子。这个世界上没有一蹴而就的成功，任何成功都要经历漫长而又艰难的过程，循序渐进，才能战胜一切困难和挑战，获得质的飞跃。

遗憾的是，现代社会浮躁病横行，人们一个比一个急躁。每个人都在追求住更大的房子，开更好的车，哪怕是孩子上学，原本简单自然的学习过程，也因为父母的攀比，导致人人都追求名校，甚至还要比赛哪个父母给孩子报名的辅导班更多。有些厂家为了创造利润，就算是简简单单的食品加工，都要加入各种对身体健康有害的添加剂、防腐剂。网络上曾爆料有人在面条里加入甲醛，这样的事件虽然短时间没有造成直接的恶劣后果，但是其情节极其恶劣，犯罪者应该受到严厉的惩罚。最终，那个把甲醛加入面条的丧尽天良的家伙，非但没有发大财，反而因为危害食品安全被抓入监狱。

一个农民把两粒种子种在土地中，不久之后，两粒种子都发芽了，变成了小树苗。第一棵小树苗铆足了劲，想要在最短的时间内长成一棵参天大树。因此，它努力地从土壤中汲取营养，不顾一切地拼命生长，它果然长得很快。第二棵小树苗呢，也盼望着自己快快长大，这样就能开花结果。在第一棵拼命拔高自己的时候，第二棵树正在奋不顾身地长大，努力开花。看到第二棵树这么快就开始结出果实，农民很开心，不但经常给第二棵树施肥浇水，而且还常常为它除草。很快，急于开花结果的第二棵树果实成熟了，但是因为它过早地开

花结果，它的果实根本不够成熟，吃起来酸酸涩涩，而它稚嫩的枝条也因为过早地挂上沉甸甸的果实，被压弯了。相反，第一棵树此时身强体壮，养精蓄锐几年后，终于开花结果。因此，它的果实又香又甜，得到了大家的一致好评。最终，农民不得不砍掉第二棵树，只留下第一棵树，这样第一棵树就能拥有更多的养分，也能结出更多香甜可口的果实。

即便是一棵树，也有成长的周期，也有不可逾越的生长规律。很多时候，我们一旦打破这种规律，就会违反事物的生长和发展规律，甚至使事情变得面目全非，更加糟糕。因而，聪明的朋友不会肆无忌惮地打破事物发生和发展的规律，而是选择尊重，从而让一切都遵循原本的顺序发展、成长，最终赢得更好的效果。

曾经，有个孩子跟随教练学习打篮球。然而，在学习的短短三个月时间里，他受伤无数次。对于这个孩子，教练的评价是：“他很优秀，也有打球的天赋，但是他无法沉下心来认真练习打球，总是迫不及待想要给我惊喜，导致我不断地受到惊吓。”

的确，除了拒绝他人对我们进行揠苗助长之外，我们也要给予自己足够的时间成长和成熟，这样我们才能避免因为急于求成，导致事情更加糟糕，事与愿违。虽然每个人都要怀着梦想憧憬未来，也要不遗余力地在人生的路上奔跑，但是我们更要把握好人生的节奏，这样才能做到张弛有度，最大限度创造辉煌，拥有成功的人生。

情绪启示

1. 不管是做人还是做事，我们都无法一蹴而就，因而我们必须遵循事物发展的客观规律，给予自己更多的时间去努力拼搏。

2. 所谓欲速则不达，不管做什么事情，过于紧张和急迫都是要不得的。饭要一口一口地吃，山要一步一步地爬，这样我们才能获得长远的可持续发展。

3. 人生必须脚踏实地，才能坚持初心。在人生路上，不管是面对风雨还是阳光，我们都应该竭尽所能地全力拼搏，这样才能让我们的人生之旅变得更加充实、辉煌。

镇定自若，才能坦然面对一切突发情况

人的一生之中总是需要面临着各种各样的意外，尤其是在危急关头，真正的强者总会表现出镇定自若的品质，从而彰显自身与众不同的气度。是金子总会发光，如果说不同的人在日常生活中并没有太大的区别，那么真正有能力的强者，就会在危急关头表现出冷静机智的品质，坦然面对一切突发情况。

当然，镇定自若挂在嘴边是很简单的，但是真正想要做到有很大的难度。尤其是发生紧急情况时，人们总会手足无措，缺乏冷静。其实，不仅人在愤怒的情况下智商会瞬间降低，人在着急的情况下，智商也会降低，而且根本无法想出有效的办法解决问题。

1799年，法国国力强盛，当时的拿破仑，命令大将军马桑拿率领一万八千人的精锐部队入侵与法国相邻的奥地利。马桑拿率领部队直奔奥地利，来到位于奥地利边境的弗雷其克。弗雷其克是一座很小的城市，没有驻守的军队，而且根本没有想到法国军队会长驱直入。

当天，正是复活节，原本弗雷其克城内的老百姓们都在准备狂欢。眼看着法国大军压境，他们只能暂时放下狂欢的事情，共商大计。然而，他们的会议从早晨开到下午，依然毫无结果。最终，有位德高望重的老人说：“既然我们没有武器，也无法反抗，为何不尽情地过好复活节呢！我们讨论投降也是毫无

意义的，因为我们根本就没有武器。至于突然到来的法国军队，就让上帝安排他们的去留吧！”大家全都赞成这位老者的意见，既然无法控制局面，不如就顺其自然。因而，城里的全体老百姓全都聚集到教堂里，大家敲响大钟，开始歌唱颂歌，庆祝复活节。

法国军队的大将军马桑拿战斗经验非常丰富，他听到弗雷其克城里传来复活节狂欢的钟声和歌声，在进行谨慎思考之后，判断出：“情况很不好。我们今天早晨大军压境时，城里哭声一片，但是现在他们突然间锣鼓喧天地庆祝复活节。我判断，城里一定有了增援部队，而且实力雄厚！”为了谨慎起见，马桑拿当即下令部队撤退，因为孤军深入敌人的腹地毕竟是危险的。就这样，弗雷其克城在没有任何反抗力量的情况下，轻而易举地吓退了法国的精锐部队。这个故事从此流传下来，成为美谈。

假如弗雷其克城里继续哭声一片，马桑拿将军一定会下令进军的。偏偏城里一反常态，如常庆祝复活节，这让马桑拿将军摸不着头脑，为了避免冒进，只好下令撤兵。现实生活中，我们也常常面临很多突发情况和危急情况，在这个时候，不要放弃希望，也不要惊慌失措，而是要保持冷静，兵来将挡，水来土掩，最终一定能够为自己赢得机会，也许还能够扭转局势，获得胜利。

情绪启示

1．朋友们，在事情没有真正落实之前，还是有机会扭转的。所以我们先不要放弃希望，急得不知所措，真正的聪明人一定会保持沉稳，根据事情发展的实际情况，随机应变，做出积极的应对。

2．没有人愿意被打倒，最重要的就在于顺势而为。

3．惊慌并不能帮助我们解决任何问题，唯有保持冷静机智，我们才能找到机会扭转情势，获得成功。

清空糟糕情绪，坦然面对人生

我们背起简单的行囊上路，却在行走的过程中，不断加重行囊。这都是因为人的贪心导致自己的人生之路随着不断推进，变得越发沉重，不再轻松。实际上，人生是需要清零的，就像过日子一样。随着时间的流逝，家里会堆积很多的废弃物。很多老人舍不得丢掉那些无用的东西，因而使家里的东西越来越多。相反，大部分年轻人都舍得扔掉不用的废物，以保持家里干净清爽。当然，家里的废弃物是很多的，诸如孩子穿小的衣服，大人已经过时的时装，以及各种不再使用的家具电器等，都属于家庭废弃物。将它们从家中清除出去之后，不但衣柜有了更多的空间，这个家看上去也会焕然一新。其实，不仅家里需要清除废弃物，人的感情和心理上也需要。诸如那些糟糕的情绪，如果长期淤积在我们的心里，我们就会感到心情沉重，甚至郁郁寡欢。我们唯有定时定期清理自己的糟糕情绪，让自己的情绪归零，才能让自己变得轻松愉悦，人生也会变得更加顺遂如意。

毋庸置疑，每个人的心灵都是脆弱的，也是不堪重负的。尽管在成长的过程中，我们变得越来越坚强，也在征服困难和磨难的过程中，不断历练自己，但是我们终究要学会给心灵松绑。很多朋友喜欢否定自己，感到非常自卑，觉得自己不管在哪些方面都不如他人，实际上，这完全是不可取的。对于自己，我们更要勇敢面对，愉快地接纳。试想，假如一个人连自己都不愿意接受，而且对自己吹毛求疵，他又怎么可能做到快乐地面对他人和整个世界呢？所以，悦纳自己实际上就是给自己的心灵松绑。只有悦纳自己的人，才能悦纳人生，才能坦然接受命运赐予我们的一切。

经常使用电脑的朋友知道，在长期使用之后，电脑上会留下很多垃圾，导

致电脑运行速度变慢。为了让电脑速度变快，我们就要用到删除文件的程序，然后再清空回收站。其实，清空心灵和清除电脑上的垃圾一样，能够让人脑活动速度加快，也能够使思维更清晰，做出更加理智的决策。

娅菲在广告公司工作，是策划专员。她有个客户想要策划一个文案，但是始终拿不定注意，直到半年之后，才定下来策划的思路。对于这个客户，娅菲也是怨声载道，不过她每次感到郁闷的时候，就和好朋友乔乔发发牢骚，发完牢骚之后就不再郁闷了。看到娅菲的样子，乔乔总是很羡慕。她问娅菲："虽然你也会因为客户难缠而生气，但是我觉得你只是生气而已，而且你生气的时间很短。"娅菲笑着说："当然不能一直和客户生气啊！要是为了客户，影响我正常的生活，那么我岂不是更加损失惨重。工作嘛，只是生活的手段，我们最根本的目的还是幸福快乐地生活。"

听了娅菲的话，乔乔不由得陷入沉思。过了很久，她才说："我真的要向你学习，有的时候工作上遇到障碍，我会非常郁闷，影响自己的心情不说，回到家里也影响家人的心情。有一次我心情不好，还把孩子训斥了一顿呢，过后自己又很后悔。""你呀，情绪垃圾太多，必须及时清理。不然，工作干不干好的暂且两说呢，家里的生活也不那么愉快了。而且，如果你把工作上的情绪带回家里，你岂不是相当于回家之后还在工作吗？难道你就这么心甘情愿地二十四小时加班啊！"娅菲一语惊醒梦中人，乔乔当即决定一定要彻底改变，再也不把工作中的坏情绪带到生活中了。

一个人如果不能及时清除工作中的情绪，就相当于把工作带到了家里。很多职场中人最讨厌的就是加班，却不知不觉地全天候加班，因而我们必须认清事实，端正心态，才能让自己获得更加轻松愉悦的心情，也获得幸福快乐的生活。

情绪启示

1. 要想放空自己的情绪，就要学会静心冥想。很多时候，我们的生活过于忙碌，我们整日工作，却不知道自己为何奔波。只有把心绪整理好，我们才能有目的地生活，也才能让自己收获成功。

2. 放空自己的方式有很多，既可以安安静静地整理自己的思绪，也可以找个热闹的地方看着川流不息的人群。总而言之，只要内心能够获得宁静，就能事半功倍。

3. 假如你听惯了那些缠绵细腻的情歌，不如换个摇滚歌曲听一听吧。此外，血拼购物为自己添置新衣服，或者是收拾房间，也可以换个发型，这些都能起到不错的效果。

4. 改变自己的日常生活，诸如你以前换乘地铁都是乘坐扶梯，现在不妨气喘吁吁地一气走完楼梯，那种感觉也能让你觉得人生焕然一新。

转移注意力，能够有效缓解焦虑

所谓焦虑，从心理学的角度来说，是一种心理现象，也是人们内心深处的感受。通常情况下，人们一旦感到焦虑，就会伴随相应的身体反应，诸如心慌、心悸、盗汗、情绪波动，以及气喘吁吁等。不过，焦虑和愤怒不同，愤怒也许是因为一时的情绪反应突然爆发出来的，但是焦虑往往是慢性的，是在生活过程中逐渐形成的。有些人如果焦虑严重，或者长期陷入焦虑之中，还有可能产生胃痛、失眠等严重的症状。由此可见，焦虑对于人的身体和心理健康十分有害。

以形象的比喻来说，焦虑如同雾霾，导致人生始终处于雾蒙蒙的状态，根本无法阳光灿烂。而且，雾霾中的很多颗粒还会伴随呼吸进入人的身体，使人的身体健康状况恶化，也使人的情绪波动加剧。心理学家曾经专门研究，人们之所以焦虑，就是因为他们对于自己的现状不满意，或者心怀抱怨。为此，那些自以为能力超群的人在现实的巨大反差下，觉得心中委屈，才华被埋没，最终根本无法证实自己的实力和能力。他们就这样老去，梦想渐渐消逝。在焦虑心理的驱使下，很多人一生都忙忙碌碌，最终却碌碌无为，人生变得越来越沉沦。其实，要想消除焦虑，除了端正心态、控制情绪之外，还有一种卓有成效的方法，那就是转移注意力。

大学毕业之后，乔丽就进入乡镇的中心小学工作，工作上始终战战兢兢，如履薄冰。然而，在辛苦工作十年之后，乔丽连个学校里的主任都没当上。她越来越焦虑，觉得人到中年，却没有人生的方向。前段时间，乔丽因为给暑期里开补习班的同事介绍了几个学生，遭到举报。如今，校长正在四处查找证据，要以处罚她为由，把她调动到村小里。对此，乔丽变得非常焦虑，一则因为她已经熟悉和习惯了在中心校的生活，二则她的孩子也在中心校读书，而且她为了亲自教授孩子，专门带了一年级。

在校长寻找证据期间，乔丽一直非常焦虑，渐渐的，寝食难安了。看着越来越烦躁的妻子，和乔丽同在中心校任职的丈夫张坤，决定要帮助乔丽转移注意力。原本，他们一直有些犹豫要二胎的事情，趁着这个机会，张坤劝说乔丽：“媳妇，别管校长怎么做了，咱们做咱们该做的事情。既然工作上有挫折，也许会被雪藏，咱们不如趁此机会要老二。看着孩子成长，也是人生的一大收获啊！”乔丽听到张坤的话怦然心动，毕竟她身边要二胎的人很多，她也早就有些动摇了。很快，乔丽就怀上二胎，再次开始孕育新生命。

对于乔丽而言，与其胆战心惊地等待校长宣判她的未来，不如自己主宰未来。其实，不管在哪里工作都是一样的，只要自己幸福快乐就好。为了缓解焦虑，乔丽和张坤决定要二胎，这样他们未来的几年时间里都将会以孩子为重心，实现人生的另一种成功。

其实，很多人之所以焦虑，都是因为欲望。人生的本质并不苦，苦就苦在人的欲望太多，大多数人都在欲海中挣扎沉浮，无法摆脱。在我们因为某种欲望得不到满足而感到焦虑的时候，当我们的人生无法被才华支撑起来的时候，我们不如转移注意力，让自己的心找寻到平静，从而更加从容理智地面对生活。

情绪启示

1. 任何时候，焦虑都是人心深处的挣扎。面对焦虑，我们与其苦苦挣扎，不如转移注意力，从而把自己从焦虑之中解救出来，让时间给予我们最好的解答。

2. 这个世界并不想为难任何人，是我们每个人都在与世界较劲。假如我们能够抱着随遇而安的态度，让生活变得更加从容，我们的人生也会变得顺利，不再扭曲。

3. 随着年岁的增长，我们不应该被欲望驱使，而应该减少欲望，让人生变得简单、随性。

第11章

不要太过苛求自己——排出焦虑这种精神毒素

现实生活中，有很多人都对自己不够满意。他们不但对于自己的容貌长相不满意，而且对于自己在很多方面的表现不满意，久而久之，他们就变得越来越自卑，缺乏自信，陷入对自身不满的焦虑之中，无法自拔。殊不知，焦虑是人精神上的毒素，任何时候，我们唯有远离焦虑，才能拥有幸福快乐、积极乐观的生活。

过分自卑，使人心神不宁

现实生活中，有极少数人非常自信，甚至达到了自我膨胀的地步。有些人与他们恰恰相反，他们最缺乏的就是自信，不管什么情况下，总是怀疑自我，陷入严重自卑之中。不得不说，极度自卑对于人生的影响是很大的。一个人要想成功，自卑是最大的障碍，自信是最大的资本。所以，我们必须摆脱自卑，从而让自己变得从容自信，也能够坦然行走在人生之路上。

当然，自信的获得并非我们想象得那么简单。有些人因为自身的能力学识不足，感到自卑；有些人因为自身的经验不够丰富，资历不够老道，感到自卑；有些人因为自己长得不够漂亮或者是身材不够高大，感到自卑……总而言之，自卑是我们心中的严重障碍，一个人一旦陷入自卑的深渊，就会找到很多理由让自己变得自卑。自卑的人总是不停地否定自己，甚至陷入强烈的焦虑之中，对于自己的长处都表示怀疑。因为极度的自卑，他们不但总是自我否定，也有可能变得狂妄自大，以伪装出来的高傲，掩饰自己。他们的表现也会从畏手畏脚、畏畏缩缩，变得无所顾忌，和人来疯相似，什么话都敢说，什么事情都敢做。这是心理上的扭曲爆发。不得不说，自卑使人变得心理失衡，心神不宁。

整个初中高中期间，包括读大学，小娜都特别自卑。其实，小娜本身学习成绩比较好，而且外形条件也不错，是个亭亭玉立的漂亮姑娘，但她就是自

卑。她自卑的原因，大多数同学和老师都不知道，只有她的闺蜜思雨知道。原来，小娜的爸爸是个酒鬼，从小，小娜就总是看着爸爸喝醉了酒发酒疯，和妈妈打架，因此特别缺乏安全感。不管有任何问题，小娜回家都不敢告诉爸爸，因为她怕爸爸有了烦恼的事情，就会借酒发疯。对于小娜，思雨觉得很怜悯。

后来，随着年岁增长，十六岁的小娜初恋了。原本，大家都以为作为好学生的小娜不会早恋，但是小娜偏偏就早恋了。因为一直以来，小娜都想要尽快找到喜欢的人，这样也许就能减轻自己对于父母的依赖，也不会因为父母的事情受到太大的影响。有段时间，小娜的父母闹离婚，小娜甚至都无心听讲了。就这样，小娜早恋了，而且在恋爱的道路上越走越远。高三那年，她不小心怀孕，背着父母和老师去堕胎，学习成绩也一落千丈。理所当然，小娜后来没有考上大学，而是成为一个四处打工的落榜生。

假如小娜不是因为爸爸的酗酒感到自卑，假如父母能够给小娜一个安稳幸福的家，小娜的人生也许就会变得截然不同。如今的早恋问题变得越来越严重，父母们一定不要以强权高压，更不要因为自身的婚姻生活问题，导致孩子的生活受到严重影响，学习成绩越来越差，更不要让孩子在感情上的空虚和无处寄托，导致情绪波动，陷入早恋。

一切河流都有源头，一切道路都有起点。心理学家经过研究发现，任何人成年的问题都与其年幼时期的生活经历有着不可分割的关系。甚至婴幼儿时期的经历，对于人们成年之后的生活也是有影响的。从这个角度而言，父母们一定要为孩子创造良好的成长环境，这样才能保证孩子健康快乐地成长。

在年少时，我们很多时候依赖父母。随着我们渐渐长大，走向成年，我们开始自己主宰人生，也变得更加谦虚。任何时候，人都只有不断进取，才能获得更大的成就。相比之下，自卑如同骄傲一样，使人退步。自卑者不但害怕失败，而且因此感到焦虑，变得畏手畏脚，或者自高自大。这些都是人们获得成功的极大阻碍。

1. 我们可以谦虚，但不能自卑，自卑和谦虚是截然不同的。

2. 自卑者往往妄自菲薄、心神不宁，谦虚者却能够做到坦然对待自己的成长，不卑不亢地面对自己的对手。

3. 做人应该谦虚，不要自卑，更不要因为自卑影响自己的生活、学习和工作。

杞人忧天，与未雨绸缪截然不同

在杞国，有个人总是担心有朝一日天会塌下来。得知这个人的忧虑，其他人都笑话他，觉得他的担忧完全是多余的。从此之后，人们就把没有必要的担忧和忧虑，形容为杞人忧天。和杞人忧天相对应的词语叫作未雨绸缪。所谓未雨绸缪，意思是说一个人即使天上没下雨，也提前准备好雨具，这样一来，等到真的下起雨，他就不会因为没有雨具遭到雨淋，后来也用以形容人们准备充分，不会对突如其来的困境或者是突然而至的困难，感到措手不及。从词义上来说，未雨绸缪和居安思危一样是褒义词，而杞人忧天则是贬义词，因为杞人忧天中所指的事情都是不会发生的，是毫无意义的担忧。所以，朋友们，我们在生活中可以未雨绸缪，也应该居安思危，但是不要杞人忧天。

其实，人生中没有什么可怕的，也没有什么是真正值得担忧的。看看那些成功人士的经历，我们就会发现大多数成功人士之所以获得成功，恰恰是因为

他们曾经遭遇很多次失败，通过不断奋力拼搏，最终才能获得胜利。在这个世界上，每个人在人生之中都会面临很多挫折和磨难，有些人之所以能够成功，就是因为他们勇敢地战胜困难，越挫越勇。相比之下，有些人之所以总是与失败结缘，就是因为他们缺乏百战不殆的勇气，动辄就放弃希望。实际上，人生之中所有的不幸都是一种历练。我们任何情况下都不能丧失斗志，要兵来将挡，水来土掩，不要因为一些小小的挫折，就失去勇气。当然，也不要因为可能出现的那些困难局面，丧失勇气，变得畏手畏脚，忧愁不断。

世界上，很多人都追求成功，但是成功者却凤毛麟角。归根结底，那些人之所以失败，并不在于客观的条件，而在于他们想得太多，顾虑太多，反而失去了勇往直前的勇气。很多人都说，只有切实开始去做，才算迈出了成功的第一步。所以，很多人并不是被拍死在沙滩上，而是被拍死在去往沙滩的路上。有时候，我们觉得有些人做起事情来不管不顾是坏事，但是实际上，做事顾虑太多也不是好事情。我们唯有采取端正的态度面对困难，勇往直前，才有可能成功。毕竟困难总是存在的，谁不是在不断战胜困难的过程中成长起来的呢！

大学毕业之后，小米和小叶也和大多数同学一样，为了找工作忙得焦头烂额。刚刚走出大学校园的她们，虽然拿着本科文凭，但依然清楚地意识到工作不好找。如今的大学生已经不像以前那么炙手可热了，现在的大学生遍地都是，很多时候还没有农民工紧俏。由此也导致大学生就业很难，就业之后的薪水也不高。对此，小米和小叶一合计，突发奇想要开一家网店，自主创业，自己当老板。

当然，一个冲动的想法要想变成现实，还需要漫长的过程。思来想去，小米越想越高兴，越想越有信心，但是小叶与小米恰恰相反。一想到有可能把父母辛苦积攒的积蓄都赔进去，再想到有可能创业失败导致赔了夫人又折兵，她就感到惶恐不安。最终，在小米已经注册号淘宝店铺并且得到父母经济支援的情况下，小叶以家里没钱给她入股为由，最终退缩了。

当时，淘宝上的商家还没有这么多，小米凭借着一股闯劲，居然把淘宝生意做得风生水起。后来，小米不愿意再去采购那些小玩意，而是决定自己开办一家小型的加工厂，生产那些简单的发饰、婴幼儿用品等。渐渐地，小米从给自己打工的打工者，变成了真正的老板。她所经营的那些小玩意的成本很低，因为她自己生产，所以最大化地扩大利润，使她赚得更多。几年之后，小米事业有成，小叶呢，接连换了好几份工作，不是因为工作不开心，就是因为对薪水待遇不满意，到现在还在频繁跳槽呢！

小米因为勇往直前，最终获得了成功。和小叶相比，小米哪怕开淘宝店铺最终失败了，也是成功的，毕竟她勇敢地走出了第一步，从中得到的经验和经历都是小叶不可相提并论的。幸运的是，小米把自己人生中的第一份事业做得风生水起，这都是因为她的勇敢果断。

不管做任何事情，都是有风险的，所以朋友们，我们虽然应该未雨绸缪，但是不要被困难吓倒，而是应该做出准备，这样才能兵来将挡，水来土掩。

情绪启示

1. 既然人生中要面临很多障碍，那么我与其被动地等待，不如主动地出击，这样反而能够占据先机，让我们的人生拥有美好未来。

2. 任何时候，人生都是不可捉摸的，我们唯一能做的就是做好准备，从容迎接和拥抱人生。

3. 做人千万不要因为杞人忧天，被束缚手脚。唯有一往直前，我们才能赢得更多的机会。

你无法使所有人满意

正如一位名人所说的，一千个人眼中就有一千个哈姆雷特，我们要说，一千个人眼中，就有一千个世界的模样。毋庸置疑，每个人都是这个世界上独一无二的个体，每个人在面对世界时，必然从自身的主观角度出发，以自身的各种观点以及经历经验作为基础，试图了解和深入世界，以及所接触的人和经历的事情。

每个人都生活在群体之中，难免要与形形色色的人打交道，我们除了竭尽所能地了解这个世界之外，还会向世界展示自己。那么，我们是否能够得到他人的认可和尊重，从而使我们自身变得更加从容不迫呢？答案当然是否定的。当然，这并非因为我们不够优秀和完美，而是因为这个世界上绝对没有人能够让所有人都感到满意。所以，那些绞尽脑汁想要迎合他人的朋友，不如做好最真实的自己，坚持自己的原则和底线，以自己的真实面目对待他人。否则，我们因为他人不满意就轻易改变，最终只会使我们变得四不像，不但失去了自己的本来面目，而且他人对我们的意见依然很大。既然我们注定无法使所有人感到满意，我们唯一能做的就是做自己，不管面对什么人什么事情，只要我们问心无愧，就无愧于他人。这与以不变应万变的策略很像，也与以静制动非常像。实际上，就是要求我们保持内心的宁静，坚持做自己。

很久以前，有位大名鼎鼎的画家觉得自己的发展遭到瓶颈，因而突发奇想，决定画一幅画到集市上展示，让人们为他提出宝贵的意见。

他把自己得意的画作拿到集市上，放在架子上摆放好，而且留言让所有对这幅画有意见的人把自己的不满之处在画上标注出来。原本，这位画家对自己充满自信，觉得人们对于他的得意之作一定无可挑剔。等到傍晚时分，他来到集市上，却惊讶地发现他的画作被人画满了圈圈点点，几乎每一笔都没有得到他人的认可。

画家带着画作沮丧地回到家里，妻子见状问他：“你怎么了，为何这么难过呢？”画家把画作展示给妻子看，妻子笑着说：“原来，你是因为被提意见才感到伤心啊。这很正常啊，因为是你要求大家圈出不满意之处的。”随后，画家在妻子的建议下又画了一幅画，这次妻子亲自把画摆放到集市上，并且在画作旁边写明要求，让大家标注出这幅画值得赞美的地方。当天下午，画家又去集市上取回自己的画，这次他依然很惊讶，因为曾经没有一处可取的这幅画，如今居然被大家密密麻麻地圈起来了。当然，这次圈出来的全都是画作的可取之处。思来想去，画家恍然大悟：不管我多么努力，画作多么完美，我都不可能因为这些画作，得到所有人的认可；同样的道理，就算有再多的人批评和反驳我，也依然有人认可和赞美我。

的确，一个人不管多么努力，都不可能面面俱到。尤其是对于变幻莫测的人心，一个人更不可能得到所有人的认可。在这种情况下，我们与其盲目地改变自己，奉承他人，不如从现在开始就学会从容不迫地做好自己。唯有如此，我们才能心境坦然，顺其自然。

情绪启示

1. 你不能让每个人都感到满意，因为每个人都是截然不同的个体。有些时候，人们的喜好是完全不同的，这就像是吃东西一样，有人喜欢甜的，有人偏偏喜欢咸的。

2. 任何情况下，我们都无法阻止别人说什么或者做什么，既然如此，我们只需要管好自己说什么做什么就好了。

3. 每个人都是世界上独一无二的个体，我们唯有做好自己，才能成为真实

的自己、与众不同的自己，也才能活出属于自己的精彩。

宽恕自己，也宽容他人

生活中有很多睚眦必较的人，他们心胸狭窄，不管遇到什么事情，都会不遗余力地为自己争取最大利益。而一旦被他人伤害，他们又绝不原谅他人，对于他人或者有心或者无意犯下的错误，总是铭记在心，甚至不止一次地挂在嘴边。毋庸置疑，人是人，不是神，每个人都有可能犯错误。因而对于他人的无心之过，只要没有造成需要承担的严重后果，我们完全不应该揪着他人的错误不放。难道你能保证自己从不犯错吗？如果答案是否定的，那么你必须学会原谅他人。其次，就算是故意犯下的错误或者是有心的伤害，我们也应该学会谅解他人，毕竟人非圣贤，有的时候因为一时冲动，或者是不小心，人就会伤害他人。在这种情况下，我们只有更加从容淡定，才能赢得从容不迫的人生。

从我们自身而言，对于他人的错误念念不忘，非但是一种气量狭窄的表现，而且会导致我们对于某件事情耿耿于怀，自身的心情也会受到负面影响，导致郁郁寡欢。正如一位名人所说的，生气是用别人的错误惩罚自己，我们也要说，记仇同样是用别人的错误惩罚和禁锢自己。原谅和宽容他人，不仅仅让他人卸掉心中的重压，也使我们宽容自己，更加从容不迫地接受自己。所以聪明的朋友们，从现在开始不要再因为别人的错误郁郁寡欢了，任何时候，我们只有心中充满阳光，才能驱散生活中的乌云。

西蜀的刘备去世后，丞相诸葛亮准备率领大军，平定中原。然而，蜀国南部正位于云南和贵州的交界处，十分动荡不安，要想平定中原，必须先平定少数民族的首领孟获发起的叛乱。因为此事关系重大，所以诸葛亮决定亲自率军赶赴云贵交界，彻底平息叛乱。对此，有人建议诸葛亮派出猛将消灭孟获即可，但是诸葛亮要的是长治久安，而不是一时的压制，所以他依然坚持自己的意见，决定以自己的独特方式，让孟获对他心服口服，主动投降。

作为少数民族的首领，孟获骁勇善战，是条宁折不弯的汉子，而且在族人中享有极高的威望。为此，诸葛亮特意命令将士，一定要生擒孟获，万万不能伤害孟获的性命。在第一次战斗中，诸葛亮神机妙算，指挥将士抓住了孟获。在士兵押解孟获走入营帐时，诸葛亮赶紧站起来给孟获松绑，还设下盛宴款待孟获。次日，诸葛亮陪同孟获参观营地，问孟获："我们的营地如何？"孟获不以为然地说："不过这样而已。我之所以败了，就是因为不知道你们的虚实。如今我已经了解你们的部署，肯定能够打败你们。"听到孟获的话，诸葛亮当即放了他。果然不出几天，孟获就再次带领部下发动攻击，却再次被活捉。诸葛亮毫不迟疑，又放了孟获。

就这样，诸葛亮与孟获总计展开七次战斗，每次诸葛亮都能活捉孟获。在第七次战斗中，士兵再次押解孟获来到营地。不过，孟获这次没有见到诸葛亮，而是得到了士兵传唤的诸葛亮的命令。士兵告诉孟获，丞相已经不想再与他相见，而是命令放掉他，让他重整旗鼓，再次发起战斗。孟获对此感到非常震惊，他沉思良久，说："自古以来，从未有七擒七纵，这是丞相给我的颜面。尽管我才疏学浅，但是终究知道要如何做人，我不能再驳丞相的面子了。"说完这番话，孟获心甘情愿地跪倒在地，眼含热泪地说："丞相威武，我们全都会衷心追随丞相的。"这时，诸葛亮走出营帐，亲自扶起孟获，设宴款待孟获之后，又亲自把孟获送出营地。自此之后，孟获在诸葛亮有生之年，对于西蜀都忠心追随。

诸葛亮当然可以杀死孟获，但是孟获作为少数民族威望极高的首领，即便

被杀死，也无法很好地解决少数民族的叛乱问题。因而诸葛亮采取了宽容的方法，通过七擒七纵，最终让孟获心甘情愿地降服了，从而成为帮助诸葛亮治理少数民族的得力干将。

人生之中，我们很多时候都要与他人打交道，遇到不如意的地方，与其抱怨，不如宽容以待。这样，我们不但能够宽容他人，也能让自己放平心态，从而更好地理解他人，处理问题。宽容如同潺潺溪水，流入人们的心里；宽容如同煦暖的春风，让世界春暖花开。当我们发自内心地宽容和理解他人，我们与他人的关系就会越来越和谐友善。

情绪启示

1. 人生充满各种不如意，我们与其斤斤计较，不如放开心胸，从而让人生更加平和，我们的心态也能够始终平静。

2. 人非圣贤，孰能无过，既然我们不能避免自己犯错误，我们也就要宽容和理解他人的错误，这样才能推己及人，建立良好的人际关系。

3. 除了生死是人生大事，人生中其实并没有那么多迈不过去的坎和解决不了的难题，只要我们始终怀着一颗宽容之心，很多问题就能迎刃而解。

瑕疵，使人生更加美丽动人

每个人都梦想，梦想着自己十全十美，也梦想着人生完美无瑕。然而，即便是一块小小的玉，也会有瑕疵，更何况是漫长的人生呢。这个世界上没有绝对的完美，任何情况下，人生都是有瑕疵的，甚至是巨大的缺憾。难道人生因此就不美丽了吗？当然不是。人生不会因此变得不美丽，而是会更加动人。只要我们对人生常怀感恩之心，人生就不会辜负我们；只要我们始终对人生心怀希望，人生就不会彻底绝望。

每个人在生活中都有着太多的失意，不管什么时候，我们都不能因为失意变得消极低沉。归根结底，人生不如意十之八九，我们唯有坦然面对和接受人生的失意，才能更加从容应对人生。面对人生的瑕疵，与其排斥和抗拒，徒增烦恼，不如坦然接受。就像很多人的缺点，在所爱的人眼中就变成了可爱的缺点，但是在不爱的人眼中，那是使人嫌恶的。从这个角度而言，我们也应该欣赏生命中的瑕疵，让他们在我们眼前，变得更加可爱和美丽起来。

毋庸置疑，人生是没有后悔药可吃的。有的瑕疵是天生存在的，有些瑕疵则是后天导致的。在这种情况下，我们与其耿耿于怀，不如奋发向上，努力提升和完善自己，从而使自己更积极主动地面对人生。人生只有三天——昨天、今天和明天。但是对于每个人而言，真正能够把握的只有今天。在如同流水一般的时光中，我们唯有把握好今天，才能把今天攥在手心里，也才能更好地把握明天。

朋友们，不要因为失去的东西而懊丧。人生之中，得失是很正常的。我们唯有内心坦然从容，才能让一切变得更加美好。当然，过好这个人生是需要智慧的。唯有拥有充足的智慧，面对人生的坎坷挫折，我们才能不断进取，奋发向上。

曾经，有对老夫妻为了孩子，凑合着过了二十多年。退休之后，他们突然决定离婚，因为孩子都已经长大了，各自成立家庭，所以他们可以，各过各的，在人生末年也能享受自由自在的生活。

看着老夫妻的模样，律师在为他们办理完协议离婚的手续后，劝说他们可以一起吃顿饭。饭菜刚刚上桌，老头就赶紧夹起鱼头，放到老太太碗里。老太太当即有些生气地说：“你为什么就认定我喜欢吃鱼头啊，难道我不能吃鱼肉吗？你总是这样，二十多年来从未改变。”看着老太太，老头的眼睛突然红

了，说："老伴啊，难道你不喜欢吃鱼头吗？这么多年来，我最喜欢吃鱼头，但是我已经二十几年没有吃过鱼头啦。我总觉得鱼头有营养，每次都把它夹给你吃。这样吧，你要不吃，就给我，让我也解解馋。"说完，老头把鱼头从老太太碗里夹回自己碗里，开始津津有味地吃起来。老太太看着老头津津有味地吃着鱼头，不由得眼圈红了，原来，老头真的是很喜欢吃鱼头啊。

毫无疑问，老头和老太太过了一辈子，生活是有瑕疵的。老太太经常吃着自己不喜欢的鱼头，老头却在一旁想吃不舍得吃。不得不说，这就是爱啊，是一种带着误解和委屈的爱，也是一种刻骨铭心的爱。这样沉甸甸的爱，道出了夫妻相处几十年的真谛，也证实了他们的爱始终未曾远离。也许等到暮年时，他们再回忆起曾经的误解，依然会觉得心里暖暖的，依然会有爱的清泉从心底里流出。

人生怎么可能没有瑕疵呢，正像绝对完美的东西总是给人留下不真实的感受一样，绝对完美的人生也总是使人感受到些许遗憾。因为有了瑕疵和缺憾的存在，人生才变得更加真实生动、活泼美好，也才使人无限留恋。

情绪启示

1. 我们每个人都是不完美的，这也就决定了我们的人生是不完美的。

2. 对于不完美的人生，只要我们心怀希望和憧憬，最终会得到幸福和快乐。

3. 所谓瑕不掩瑜，哪怕人生之中遭遇坎坷磨难，也并不妨碍我们享受幸福美好的生活。

第12章

别陷入抑郁的泥沼里——寻找解开你心锁的钥匙

人生一世，快乐的时光非常短暂。任何时候，我们都要善待自己，让自己远离抑郁的泥沼，这样才能打开心扉，找到开启心锁的钥匙。假如终其一生，我们始终郁郁寡欢，那么又如何能够对得起这一生的宝贵光阴呢！其实，心安是归处，只要我们保持好心情，那么不管人生如何风云变幻，总是能够进入人生的佳境，度过充实快乐的一生。

远离抑郁，让快乐始终伴随自己

抑郁作为现代社会越来越普遍的一种情绪，受到的重视始终不够。很多人把抑郁称为“心灵流感”，的确，人们一旦抑郁了，真的如同患了重感冒一样，不管做什么事情都无法变得积极，因而很容易陷入绝望的情绪之中，行动也会变得缓慢。打个形象的比方，抑郁的人就像是生活在阴沉沉的天空之下，难得见到丝丝缕缕的阳光。他们在抑郁的时候，觉得自己的心如同雷雨之前阴沉沉的天气，带着沉甸甸的湿润，似乎能拧出水来。

当然，这个世界上每个人都是独一无二的个体，所以每个人的不快乐都是完全不同的。对于抑郁，我们唯有自己才能解决。即便是向心理医生求救，我们也必须完全敞开心扉，才能让心理医生尽量了解我们，也从而最大限度地帮助我们打开心灵的枷锁。

很多朋友对于抑郁，总是有自己的理由，他们对于生活始终不满意，因而脸上很难绽放出笑容。实际上，谁的生活是一帆风顺的呢？大多数人的生活都是不那么令人满意的。最重要的是我们要知足常乐，而不是把人生的一切磨难都归结于命运，都抱怨命运。从心理学的角度而言，抑郁是很复杂的一种情绪，包含着痛苦、焦虑等。抑郁的情绪是一种复合体，所以很难单纯地进行治疗。当抑郁超越正常的心理范畴，就会成为非常严重的心理疾病，近年来，经常有人因为抑郁症自杀，甚至包括很多年轻的妈妈。因而，我们必须更加关注

心理健康，更加注重对心理问题的疏导，才能保证自己健康快乐地生活。

对于抑郁症患者而言，他们的心里有一堵高高的厚实的墙。他们就躲在这堵墙的后面，远离外界的一切，而不愿打开心扉向人倾诉。如此，他们就进入恶性循环，不停地导致恶果，最终爆发，使得一切都歇斯底里。其实，抑郁距离我们的生活并不遥远，只是因为经常被忽视，所以有人不知道自己正处于抑郁的状态。美国的前总统林肯也曾经历过抑郁的困扰。当时，他因为人生经历坎坷，导致心情低落，从而变得自暴自弃，又因为失去未婚妻，卧床很久才恢复。

当我们感受到自己的心态开始变得消极，而且缺乏自尊和自信时，一定要提升对自我的关注，更要重点关注自己的心理。在抑郁还可以有效预防或者自我治疗的情况下，我们不妨做些让自己开心的事情，从而振奋自己的情绪，也可以多多鼓励自己，让自己鼓起勇气面对生活。一些有氧运动也能让人在情绪消沉的时候亢奋起来。要知道，运动与人的心情是密切相关的。还需要注意的是，有心理学家经过研究证实，有些活动原本就会使人意志消沉，诸如长久地看电视剧，或者是长时间地让自己静止不动，都不利于调动人生的积极状态。

朋友们，人生苦短，我们要经历重重磨难，所以我们在生活中不要过于苛责自己，也不要对自己太苛刻。我们应该悦纳自己、善待自己、认可自己、尊重自己，才能让自己活得更加有味道。从生活细节方面而言，我们还应该多多关心自己的身体，诸如经常泡个热水澡，或者为自己买一些心仪已久的东西，还可以去品尝美食。总而言之，我们要对自己好，自己的心情才能好起来，抑郁也才会消除。

情绪启示

1. 如果短暂的人生始终被阴云笼罩，那么我们的人生必然会变得抑郁。朋友们，不如赶走阴云，让一切都守得云开见月明吧！

2. 虽然我们不是生活得最好的，但是一定还有很多人过得不如我们。在觉得生活不如意时，不如多多想想他们，我们就会知道自己生活得还是很不错的。

3. 如果心情不好，不如去做义工帮助他人，让我们赠人玫瑰，手有余香，感受助人为乐的快乐吧！

4. 多多结交朋友，在心情抑郁的时候呼朋唤友，一醉方休，也许很快就能摆脱抑郁，让自己快乐起来。

有的时候，你需要一个借口

常言道，尺有所短，寸有所长。一个人即使能力再强，也不可能在生活和工作中面面俱到。然而，偏偏有很多朋友都特别爱惜自己的面子，遇到任何问题，第一时间想的就是顾全自己的颜面。这也难怪，毕竟人们也经常说，人活一张脸，树活一张皮。假如我们失去了面子，就会导致自尊心受到严重损害，甚至觉得没脸见人。但是，我们也不能忘记，凡事过犹不及。任何事情都要把握好度，唯有如此，我们才能适可而止。否则如果我们一味地为了顾全面子，而不顾“里子”，那么我们的生活必然很被动，也会失去真实的意味。

在20世纪90年代，博士是很少见的，当博士小李被分配到研究所工作时，研究所才终于有了第一位博士。毋庸置疑，小李当时是整个研究所学历最高的人。一个周末，小李闲来无事，拿起钓鱼竿去单位附近的池塘钓鱼。他没想到，所长和主任正好也在钓鱼，不过他们俩之间隔得很远。为此，小李走到他们中间的位置，开始钓鱼。为了避免涉嫌向领导拍马溜须，小李没有和旁边的所长和主任打招呼，只是冲他们点了点头，笑了笑。

小李正在专心致志地钓鱼，突然看到所长放下钓鱼竿，踩着水面，去了池

塘对面的公共厕所。看着所长健步如飞的模样，小李惊讶不已，难道所长是传说中的武侠高手？他不好意思直接问所长，只好忍着。没过多久，位于小李另一侧的主任也站起来，从水上走过，如履平地。小李的眼珠子惊讶得都快掉下来了，但是他还是忍住没问。他暗暗想道："我可是个大博士啊，怎么能显得这么无知呢！"过了一阵子，小李也内急了，他想如果从岸边走到池塘对面的公共厕所，至少要走十分钟。于是，他壮起胆子，抬腿朝着池塘迈步。他一下子掉入池塘里，幸好所长和主任赶紧赶到，用竹竿把他拉上来，他才避免被淹死。

看着狼狈不堪的小李，所长笑着问："小李啊，你有什么想不开的事情吗？为什么要跳进池塘啊？"小李尴尬地说："我看到你和主任都是从水里走的啊。"所长哈哈大笑，说："我们从水里走，也没有跳到池塘里啊。你不知道，池塘两头分别有两排木桩子，可以走过去，所以我们每次钓鱼都靠近木桩，这样走过池塘去厕所很方便。你初来乍到不知道，怎么不问一下呢？难道你还真的以为自己是金庸笔下的武侠高手啊！"

文中的小李非常迂腐，而且还过于爱惜颜面。假如他能够变通一下，找个借口问问所长和主任为何能够踏水而过，也许就不会闹出这样的尴尬，也就不会那么难堪。

其实，人活一世，最重要的是问心无愧，不要因为一味地爱面子，就掩饰事实。很多时候，我们都需要一个借口。其实，人生并没有过不去的坎，在生死面前，一切问题都不成问题。只要我们心中想开了，能够坦然面对，又何必斤斤计较所谓的面子问题呢！其实，我们的尊严在我们的心里，只要我们内心坦然，就能从容应对世界。人生道路上，我们无须过于浮夸，也无须用那些虚伪奢华的语言矫饰。我们应该自信，走出尊严的囚牢，这并非软弱无能，而是人生至高无上的智慧。

情绪启示

1. 人生没有重来的机会，任何情况下，我们都要把握好每一天，让人生充实而又快乐地度过。

2. 人生除了生死都没有过不去的坎，所以对于总不值一提的小事，我们必须放下自己的面子和尊严，从而为自己的人生赢得更加美好的未来。

3. 人生并不只是直行道，在直线走不通的时候，我们也可以迂回曲折，绕弯走路。所谓曲线救国，就是在不违反法律和道德的基础上，只要能达到目标，我们完全可以灵活使用各种策略和方法。

倾诉，使你不再郁郁寡欢

水满则溢，人心满了也需要倾诉。有心理学家经过研究证实，作为心理上的应激反应，适时倾诉能够帮助人们发泄心中的苦闷和忧郁。在倾诉之后，人们心中的压力能够得以缓解，人们的情绪也会变得更好一些。心理学家还认为，如果把很多负面的情绪积蓄在心里，一旦爆发，就会导致严重的后果。现代社会，有很多人因为抑郁症，选择结束自己的生命，其实这都是因为负面情绪在心里不断堆积导致的。假如在最初感到忧郁的时候，及时排遣负面情绪，那么就能疏通自己的内心，使自己的情绪得以发泄。

人是高级动物，人的感情是非常复杂的，而且人的心理也是多变的。在现实生活中，每个人都有自身的烦恼，也有自己的情绪和情感，而倾诉是感情发泄的渠道。很多作家就是因为感到内心深处很压抑，才拿起笔，以文字倾诉自己的内心。人心中的情绪如同水一样，满了之后就要溢出来。所以我们一定不

能始终压抑自己的内心，而要尽情释放自己的内心，更要学会倾诉。当然，倾诉的方式是很多的，和朋友讲述是倾诉，写日记也是倾诉，或者哪怕是向一朵花或者是一棵树诉说也是倾诉。当我们说出自己的心里话，我们的内心就不会感到压抑，也不会郁郁寡欢。

从本质上来说，人心是非常奇怪的。它时而很大，能够容纳整个世界，时而很小，如同针尖一样。所以，人心既能包容万物，也会无法隐藏任何心事。从这个角度而言，倾诉就显得至关重要，唯有懂得倾诉，我们才能缓解心灵深处的诸多压力，也才能排出心理上的诸多毒素，让自己更加轻松自如地面对生活。

曾经有心理学家说，我们哪怕和自己说些什么也都是非常有效的。当我们尝试着和自己交流，我们会感受到发自内心的轻松。实际上，现代社会人们之所以产生很多疾病，就是因为他们心理上过于压抑。所以朋友们，要想健康长寿，就让我们从现在开始学会倾诉，始终保持心灵的愉悦吧。

情绪启示

1. 人的心事是很重的。不管什么时候，在人生路上，为了轻装上阵，我们都要学会倾诉自己，从而帮助自己找到心灵的宁静和轻松。

2. 倾诉能够有效缓解人们内心深处郁郁寡欢的状态，从而帮助人们舒缓心情。任何时候，我们都要学会解放自己的内心，才能更加积极主动地体会人生的乐趣。

3. 人生苦短，朋友们，不要在郁闷上浪费自己宝贵的生命。任何时候，我们都要学会释放自己的内心。

4. 所谓退一步海阔天空，要想让自己不再郁郁寡欢，我们就要摆正心态，看得开，看得远。

哭泣，并不意味着软弱怯懦

一直以来，人们都认为哭泣是女人和孩子的专利，而觉得男人理所应当有泪不轻弹。实际上，不管对于女人和孩子，还是对于男人而言，哭泣都是一种非常好的发泄方式。特别是在现代社会，每个人都承受着巨大的压力，导致内心焦灼不安，又因为生活和工作节奏的加快，使得生活变得越来越艰难。在这种情况下，适当发泄情绪是非常重要的。前文我们说了，倾诉是一种很好的发泄方式，实际上，除了倾诉之外，哭泣是个不错的选择。我们每个人只要想哭，都可以哭泣。

当然，因为每个人的性格不同，有些人当着很多人的面也可以号啕大哭，但是大多数人都碍于面子，很少在外人面前哭泣。其实，哭泣未必要有原因，无聊了可以哭泣，伤心了可以哭泣，甚至可以莫名其妙地哭泣……总而言之，哭泣并不是一场灾难，大多数人在哭泣之后，都会感到发自内心的轻松惬意。然而即便如此，哭泣似乎依然被认为是不那么光彩的事情。正如刘德华的一首歌中唱的那样，男人哭吧哭吧不是罪。我们要说，大家哭吧哭吧不是罪，想哭的时候就可以尽情地哭泣，不想哭的时候，当然可以开怀大笑。

大多数人，都觉得哭泣是软弱怯懦的表现。实际上，哭泣是一种进化的行为，和语言一样，哭泣也是人类特有的行为和举动。所以，哭泣是每个人的专利和特权，我们一定要好好运用，才不辜负这样的独特权利。从另一种意义上

来说，哭泣也是沟通感情的重要方式之一。哭泣能够降低别人对我们的警惕心理，也能建立彼此之间的联系。当我们看到他人当着我们的面肆无忌惮地哭泣时，我们就会感受到他们最脆弱的感情，也会了解他们最真实自然的一面。这样一来，我们与他人的关系自然更加和谐融洽，也会变得更加美好。这对于我们的生活和工作都是有益的。

自从妻子去世之后，爱妻深切的林强一直都在强忍着悲痛。他带着三岁的儿子一起生活，每天都既当爹，又当妈，辛辛苦苦地抚育儿子长大。几个月之后，林强已经渐渐习惯了妻子不在的生活，应付儿子的时候也不那么手忙脚乱了。在妻子的生日那天，他订了一束玫瑰，买了妻子最爱的冰淇淋蛋糕，去了妻子的墓地，惊天动地地哭了一场。是啊，作为一个年轻的单身爸爸，没有人知道他承受了多大的压力，也没有人知道他的内心多么痛苦。家里到处都是妻子的影子，他不管走到哪里，都能回忆起曾经和妻子一起度过的风风雨雨。对于林强，这一切悲痛都已经在他心里压抑太久了。

哭过这一次之后，林强觉得心中轻松多了。眼泪似乎洗刷了他对于妻子的思念，也让他痛定思痛，更加想方设法恢复自己的精气神，养育好他与妻子爱情的结晶——儿子。

一个痛失爱妻的男人，惊天动地地哭泣并不是软弱怯懦，而是感情的一种发泄，能够让他在哭过之后，以更加坚强的姿态面对生活。人生在世，每个人都有喜有悲，有快乐有担忧，所以必须摆正自身的位置，也打开自己的心扉。所谓人世间的万事万物都是有自身的规律的，我们即便再怎么希望，也不能违背自然规律。哭泣，就是命运赐予人的一项特殊权利。朋友们，好好运用哭泣的权利吧。高兴了可以哭，悲伤了可以哭，绝望了可以哭，为难了可以哭……总之，只要想哭，我们就可以自由自在地哭。

正如天空雨过天晴，哭泣之后，我们的心情也会绽放出美丽的彩虹。

情绪启示

1. 哭泣和欢笑一样，都是人正常的生理反应，无可指责。每个人都有欢笑的权利，也有哭泣的权利。当欢笑和哭泣一样成为我们人生的陪伴，我们的人生就会变得多姿多彩。

2. 哭泣并不丢人，因为哭泣不是软弱怯懦的表现，而是人的正常权利。一个人哭过了，依然可以成为顶天立地的强者，傲然挺立于天地之间。

3. 雨过天晴的人生，必然有着更加晴朗的天空。

良好的心态，才能帮助我们苦中作乐

很多人喜欢喝茶，喜欢品尝茶淡淡的苦味和清香。其实，人生也和茶一样，或者如同清香的绿茶，或者如同浓郁的普洱茶，或者如同温暖的红茶，只有细细品味，才会发现人生的基调就是苦涩，淡淡的苦涩、浓郁的苦涩、深沉的苦涩……每个人喝茶，都有不同的体味和感受，也都有自身的深刻体验。人生同样如此，有人觉得苦涩是人生的基调，有人觉得人生是酸涩，也有人从人生之中品味到甘甜。的确，人生是苦涩的，正如佛家所说的，人生有七苦：生、老、病、死、憎相会、爱别离、求不得。这也就注定了在每一个生命的阶段中，我们都会感受到痛苦，但是这并不影响生命也同样伴随着快乐。

我们是人，不是神仙，每个人在面对困难时，都无法做到豁达从容。对于苦难，我们应该保持良好的心态，意识到苦难不可避免，也意识到我们必然要历经磨难才能成长。我们不是圣人，无须要求自己坦然从容、波澜不惊。人有

七情六欲，我们应该像接受喜悦一样，接受苦涩的生活本相。当我们发自内心地接受和悦纳生活，我们的人生也就能够变得更加从容。

每个人都应该有良好的心态，坦然接受人生的风雨。良好的心态，既包括面对人生的积极乐观，也包括面对人生苦难时的从容和镇定。正如人们常说的，人生不如意十之八九，任何时候，我们唯有积极乐观，才能突破人生的坎坷困境，让我们的人生更加美好。

大学毕业后，小南和好朋友亚飞一起应聘进入一家公司工作。刚刚进入公司第一天，领导就找亚飞和小南谈话，告诉她们："原本公司里有两个合适你们的职位，不过因为临时调整，现在只缺少一名前台人员，还缺少一名清洁工。我们初步安排让小南在前台工作，亚飞暂时委屈一下，先干一段时间的清洁工工作，等到有合适的职位，马上调整。"对此，亚飞表示很难接受，她当即表态："如果一定要让我当清洁工，我还是选择辞职吧。我相信自己会找到更合适的工作。"尽管领导再三解释很快就会调整，但亚飞都说自己决不会打扫卫生。小南不愿意眼睁睁地看着亚飞失去工作，因而主动对领导说："领导，让亚飞去前台吧，我愿意清扫厕所。反正很快就会安排新的岗位，我没关系的，我能坚持。"

就这样，亚飞去了前台工作，小南承担起清扫厕所的工作。小南对清洁厕所的工作毫不懈怠，而是每天都非常辛苦、认真负责地做好本职工作。每一位来到酒店入住的客人，都对干净整洁的厕所非常满意，也对小南热情周到的服务感到宾至如归。渐渐地，越来越多的客人特意在酒店留言簿上点名表扬小南。最终，领导也知道了小南的表现，不由得对小南刮目相看。对于娇生惯养的大学生而言，如果能够不怕脏、不怕累、不怕苦把厕所都打扫得让所有客人都满意，那么就凭着这严肃认真、一丝不苟的工作态度，还有什么是做不到的呢？思来想去，领导把小南安排到行政部门工作。

对于亚飞而言的辛苦，到了小南这里却成为展示自己的良好舞台，这都是因为小南有着苦中作乐的心态，所以才能以积极乐观的态度面对生活，也才能让自己的辛勤付出最终被领导看在眼里，得到领导的赏识和努力。

从本质上来说，苦是一种心态。假如你认为生活很苦，那么你就会处处找到验证，证明生活真的很苦。但是，假如你认为生活的本质还是幸福快乐的，苦只是一种调味剂，那么你也就会意识到，一切的苦只是为了衬托生活的甜。只要保持积极乐观的心态，我们也就能够赶走生活的苦难，从而让人生变得更加幸福快乐。正如一位名人所说的，这个世界上并不缺少美，只是缺少发现美的眼睛。同样的，这个世界上也并不缺少快乐，只是缺少发现快乐的眼睛。当我们摆正心态，能够苦中作乐，我们的人生也就会变得更加甜蜜，少些苦涩。

1．不管什么时候，我们都要肯定自己，拥有自信。唯有如此，我们才能找到人生的快乐，也才能实现自己的价值。

2．当生活过于苦涩，我们不如多多寻找快乐，从而帮助自己放松和愉悦心情，让自己怀着积极乐观的心态，勇往直前。

3．当生活过于残酷，我们要做的就是学会冥想，从精神上安慰自己，让自己变得更加从容坦荡，积极面对生活。要记住，痛苦只是暂时的，生活总会苦尽甘来。

第13章

忍得住的人生不后悔——让爱捣蛋的负面能量乖下来

人生路上，每个人都难免遭遇很多意外事故或者负面的事情，在这种情况下，我们是放纵自己散漫下去，还是让自己忍住，远离负能量，从而让人生扬帆启航呢？毋庸置疑，负能量是人生中的捣蛋鬼，常常让我们无计可施、措手不及。在这种情况下，让负能量恢复正向积极是关键。唯有让负能量变乖，我们才能驾驶人生之舟，远离坎坷困境。

负能量给每个人都带来伤害

众所周知，人生之中是有负能量的。很多时候，我们无缘无故就会感到沮丧失落，甚至因为外界的原因而怒火中烧，歇斯底里。从本质上来说，情绪是不分好坏的，但是因为它们带有能量，所以我们必须做出积极的选择，才能让情绪在我们的生活和工作中发挥积极正向的作用，从而对我们的生活有益。与此相反，倘若我们总是因为情绪问题陷入负能量之中，我们的人生也必然面临困境，导致无法摆脱。

很多人都感到困惑，不知道自己为何会在关键时刻失控。其实，这都是能量的作用。人生在世，不可能时时处处都顺遂如意。当我们的身体分泌出肾上腺素，我们自然会感到莫名其妙的兴奋，对于自身的掌控能力也会大大减弱。举个最简单的例子来说，在谈恋爱期间，我们常会感到浑身亢奋，情绪激动，这就是鞥量的作用。从心理学的角度而言，情绪蕴含着能量，如同能量电荷一样，会让我们的身体瞬间发生不可估量的反应。

能量也分为正面能量和负面能量。积极的能量会使我们感到积极上进，消极的能量则会让我们畏缩退却，甚至想要自我否定和毁灭。不得不说，负面能量对我们人生的影响是巨大的，并且它们很少会无缘无故地消失。我们唯有采取正确的方式，把负面能量转化为正面能量，才能成功驾驭它们。虽然这说起来很容易，但是真正想要做到却很难。然而，我们必须认识到负面能量对我们

的伤害，才能将它们转化为正面能量，才能对我们的人生起到积极主动的推动作用。

琳达是个能力很强的职业女性，在职场上，她总是纵横驰骋，很少遇到困难和障碍。然而，琳达脾气暴躁，很难控制自己的情绪，也因为情绪冲动得罪了很多同事。有一次，琳达因为工作需要，与副总争执起来。她当时实在是气坏了，居然口出狂言，对副总丝毫不尊重，这使副总觉得很丢面子。在事情发生后，副总当即找到老总，坚决地说："或者辞退琳达，或者辞退我。"当然，就算琳达能力再强，毕竟只是下属，说白了有能力的下属随时可以找到，但是默契的、合作愉快的副总却可遇而不可求。毫无悬念的，琳达被辞退了。

因为一次发脾气而失去工作，这使琳达感到非常懊丧。但是，她无法挽回这样恶劣的结果。朋友们，现代社会人际关系已经被提升到前所未有的高度，不仅是在工作中我们要与上下级和同事搞好关系，就算是在生活中，我们也依然要与亲人、朋友处理好关系。如果我们任由情绪的怒火肆意蔓延，让负面情绪烧毁我们，也烧毁其他人，最终会无法收场。

对于任何人来说，负能量都是可怕的。不但扰乱我们的工作秩序，也会使我们的生活变得一团糟。尤其是当一个人负能量已经变得非常严重时，更会使自己臭名昭著，遭到他人的厌恶和排斥。如此一来，还如何更好地生活和工作呢？所以明智的朋友们，一定要学会控制自己的情绪，远离负能量，这样才能让自己的生活和工作变得更加顺遂如意。

当然，每个人都是有情绪的，我们不能避免情绪的产生。明智的做法是，调整和控制情绪，从而把负能量转化为正能量，使其对我们的人生起到积极的推动和促进作用。

1. 有规律的生活作息能够帮助人们保持良好的生活节奏，从而神智清明，心情愉悦，也远离负面情绪和负能量。

2. 多多接受阳光的抚触，能够让我们保持心情愉悦，积极乐观。

3. 品尝美食，或者是为自己购买靓丽的时装，也能帮助我们整理心情，转怒为喜。

4. 远离那些负能量的朋友，不要成为他们的垃圾桶。

面对负能量，怎么做才能淡定从容

负能量的含义很宽泛，包括负面的情绪感受以及冲动、烦躁在内。此外，诸多的情绪，诸如爱恨情仇等，也都属于负能量的范畴。在这种情况下，我们与其被负能量裹挟着在人生之路上不停地奔波，不如勇敢地面对负能量，让负能量成为我们人生之路的推动力。

毋庸置疑，人生的状态很大程度上取决于人们的心态，这也就决定了我们要想拥有充实从容的人生，首先应该调整好心态。现实生活中，诸如赌博、酗酒等举动并不能使人变得积极亢奋，反而会使人变得沮丧堕落。既然如此，我们一定要远离这些会给我们的人生带来负能量的行为，从而让我们的人生更加积极主动。

也许有些朋友分不清各种情绪和情感体验之间的细微区别，但是因为负能量会给人生带来消极的巨大影响，所以我们理应做到准确区分，也应该对于它们有着一定的警惕和戒备心理。

一位母亲在购物结束后，推着婴儿车走到超市停车场与路口交叉处。因为拥挤的人群和车流，这位母亲的速度减慢，滞留在原地。有辆车在这位母亲身后不停地鸣笛，这位母亲听着刺耳的鸣笛声，想到自己的孩子很有可能因此受到惊吓，不由得转头对坐在车里的司机怒目而视。她万万没想到，就是这狠狠的一瞪眼导致悲剧发生。

司机看到这位女士非但没有及时避让，反而还怒视他，不由得气冲冲地走下车子。这位司机刚刚和朋友喝完酒，此时他的朋友就坐在副驾驶座位上没有下车。他与女士理论，女士也不甘示弱。正当两人激烈争吵时，司机突然走向婴儿车，并且高高举起无辜的婴儿，将其摔到地上。女士呆若木鸡，旋即不顾一切地抱起婴儿，然而婴儿受伤严重，很快失去生命。对于这样的结果，这位母亲一定是没有想到的。她的人生彻底改变了，那位司机的人生也彻底改变了，最可怜的是无辜的孩子，就这样成为两个人发泄负能量的牺牲品。

现代社会，这样的负能量几乎随处可见，很多人都被负能量裹挟着，根本没有能力平静坦然地面对人生。如果负能量仅仅影响自身还好，一旦负能量影响或者是伤害他人，就会导致非常严重的后果。因而朋友们，不管我们是作为被伤害者，还是伤害他人的人，我们都应该在事情没有发生之前竭力控制自己的情绪，从而避免做出无法挽回的事情。

人生不如意十之八九，任何情况下，我们都必须努力保持内心的淡定从容，才能竭尽所能地面对人生的艰难坎坷，而不会轻易被击垮。尤其是在与他人相处时，不管是熟悉的人还是陌生人，我们都应该保持理智和容忍。事例中的母亲面对那位司机，如果及时避让，不但能够让婴儿免遭噪声的骚扰，而且也能避免此后的恶性事件发生。我们只有时刻保持冷静和理智，轻易不要与他人发生无谓的争执，才能最大限度避免争执，也能保证我们的人身安全。

当然，面对他人的负能量，尤其是在他人莫名其妙爆发的情况下，我们一定要保持自控力。要知道，发怒并不能解决问题，当两个负能量星球相撞时，一定会引发恶劣的后果。所以，我们理应更加镇定，这样才能避免事态朝着更加恶劣的方向发展。

1. 老司机都知道宁停三分不抢一秒的道理，对于情绪的急剧变化，我们也要学会急刹车，这样才能因为别人的负能量爆发免于受到伤害。

2. 所谓一个巴掌拍不响，任何矛盾的激化，都是双方原因导致的。我们唯有让自己心怀宽大，不与他人斤斤计较，才能避免针尖对麦芒的争辩以及事态的恶化。

3. 任何时候都不要冲动，因为冲动是魔鬼，必然使我们陷入罪恶的深渊。

每个人都有软肋，你也不例外

所谓软肋，就是生活中那些最能够触动他人情绪情感的人、事或者某种经历，甚至是信息和愿望。从心理学的角度而言，软肋也被称为“情感触发器”。当我们触动他人的软肋，他们的情绪情感瞬间就会被激发起来，甚至变得无法自制。因而我们可以作出结论，软肋是能够在理智和情感上引起人们强烈共鸣的，它不但能够给予人们巨大的推动力，也会使人瞬间变得无比沮丧和绝望，陷入情感和情绪的极端之中，无法自拔。

当然，每个人的脾气秉性和人生经历与观念都不同，这也就决定了每个人的软肋也各不相同。我们为了更好地与他人相处，或者是触动他人，就应该努力加深对他人的了解，从而找到他人的软肋所在。这样一来，我们既可以避免

触动他人的软肋，也可以利用软肋触动他人的情感，使他们情感充沛，更有利于相处。

一直以来，小敏都因为爸爸的酗酒问题感到非常头疼。有段时间，在他们租住的平房里，爸爸简直因为酗酒变得神经错乱，导致整个租住的区域都知道他们家里有个酒鬼，有个神经病。这是城市里的贫民区，到处都是小酒馆和小商店，所以爸爸总是四处偷酒喝。为此，小敏决定带着爸爸妈妈搬家。还没等到小敏做好搬家的准备，爸爸就再次因为喝醉酒，闯下大祸。小敏与妈妈万念俱灰，决定搬走。但是爸爸拒绝搬家，因为他根本意识不到自己醉酒多么严重，所以还想继续在这个贫民窟开诊所，挣出生活费用。无奈之下，小敏只好去给爸爸做工作。

当时，小敏刚刚生了孩子几个月，而且也按揭买了房子。对于爸爸的不配合，她说："假如你不和我们一起搬走，我们就准备卖掉房子，去婆婆那边重新买一套房子定居。因为如果你和妈妈不给我带孩子，我只能去靠着婆婆家，让婆婆帮忙。不然，我自己留在家里带孩子的话，怎么上班啊！"虽然爸爸醉醺醺的，但是终究有清醒的时候。听到女儿需要他带孩子，又听到女儿也许会去婆婆家定居，这显然触动了他的软肋，他当即同意和女儿一起搬走，去女儿的新家生活。

对于一个终日醉醺醺的酒鬼而言，这并不影响他心疼自己的女儿和外孙子。所以，他才会痛快地答应小敏的请求，和妻子一起去帮助小敏养育孩子。毫无疑问，小敏很了解自己的爸爸，也知道爸爸不会眼睁睁地看着她没有人带孩子。最终，小敏借助于爸爸在这方面的情感弱点，成功劝说爸爸搬离贫民区，到她所购买的新房子里一起生活。

每个人都有软肋，包括我们自己在内。当他人触动我们的软肋，我们或者情感激动，或者心思细腻，总之很容易被打动。当然，在说服他人的过程中，我们也可以使用过这种方法，从而成功打动他人，让他们轻而易举被我们说服。当然，任何力量都是相互的，他人也很有可能利用这种办法说服或者打动我们，这完全无可指责。从这个角度而言，我们也应该多多了解自己，知道自身的软肋和情感触动器的所在。所谓知己知彼，百战不殆，这样一来，我们才能与他人之间更好地交流互动，也能够起到预期的效果。

1. 所谓情感触发器，就是你的财富加上你的梦想。任何时候，我们内心最渴望达到的目标都会给予我们强大的动力，在这种情况下，我们与其被动地接受命运的安排，不如主动地迎接命运的挑战。

2. 触动他人的软肋，他人马上就会做出应激反应，而且他们的行为也有可能因此而改变，从而使他们变得更加完美，当然也有可能是歇斯底里。

3. 有的时候，我们要想促使自己改变，不妨也使用情感触发器，因为情感触发器带来的能量电荷非常强大，简直超出你的想象。

4. 了解你的人生梦想和终极目标，也知道你在人生中不能承受之重是什么。

人生的选择必须正确明智

人在一生之中，始终都在面临选择。可以说，人生就是由选择组成的。假如选择明智，我们的人生会更加顺利；假如选择的时候缺乏明智，我们的人生就会变得颠三倒四，毫无秩序可言。由此可见，我们拥有怎样的人生完全取决于我们的选择。尤其是很多时候，我们的选择不可逆转，也无法弥补。所以，

我们必须慎重对待人生的选择。

通常情况下，人们对于那些重要的选择会采取比较慎重的态度，对那些人生中漫不经心的节点不以为然。殊不知，人生并非是在重大的转折点才会发生转折，当我们度过人生的很多时光，才会发现人生的真正转折通常发生在漫不经心的时候。因此，我们不但要慎重对待重大转折点，也要谨慎对待人生中很多看似不重要的时刻。很多人都知道蝴蝶效应，选择也是如此。正是那些看似不经意的选择，在百转千回之后，成为了我们人生中的关键的助推器。所以朋友们，千万不要对选择掉以轻心，既不要轻视，也不要过于重视，导致紧张不安。而且，我们还要更加积极地展望未来，这样才能让我们的选择具有前瞻性，能够考虑得更加长远。所谓一招出错，满盘皆输。尽管事情并没有这么绝对，但是多多留心、严肃对待还是很有好处的。

人到中年，40岁的陈佩对于生活有些感到乏味了，尽管他的事业如日中天，但是他对于已经相伴多年的妻子和一成不变的家庭生活，未免感到厌倦。他已经结婚了，而且有了两个孩子。陈佩在律师事务所工作，因为他一直以来表现很好，所以老总有意让他成为合伙人。

公司里为陈佩招聘来一位年轻靓丽的秘书。这位秘书才28岁，已经结婚，不过还没有孩子。朝夕相处，使得陈佩和秘书之间产生了说不清道不明的情愫，毕竟人是感情动物，尤其是在想要寻找新鲜感的时候，就更容易被那些有魅力的异性吸引。在公司举行年会的那天晚上，陈佩和秘书都喝多了，他们居然做出了不该做的事情，导致两人的关系发生了质的改变。对此，陈佩的妻子当然不可能毫不知情。要知道，妻子总是特别敏感的。果不其然，当天晚上，妻子就知道陈佩出了“意外”。为此，陈佩的妻子把这件事情告诉了律师事务所的老板，而且还通知了秘书的丈夫。随后，妻子向陈佩提出离婚，并且争取到孩子的抚养权。就这样，虽然陈佩后来和秘书再也没有见过，却难以改变他被律师事务所辞退、与妻子离婚的事实。一夜之间，陈佩从人生赢家，变得一无所有。

人在任何时候都应该保持清醒和理智。拥有的东西，也并非完全绝对的拥有。稍有不慎，我们就有可能因此失去自己曾经拥有的一切，甚至身败名裂，人生的发展也会受到阻碍，可谓得不偿失。

如今的陈佩一定悔不当初，然而这个世界上没有卖后悔药的。朋友们，面对人生不经意的选择，我们一定要慎之又慎，避免做出让自己追悔莫及的事情。因为很多事情一旦发生就无法挽回，更无法根据我们的意外发生任何改变。所以，我们必须时刻保持头脑清醒和理智，唯有如此，我们的人生才能更加顺利地前行。

1. 每一次选择都意味着我们的人生面临洗牌，变好还是变坏完全取决于我们的决定。

2. 人类能够主动思考、理智选择，这和动物截然不同，所以人类必然要借助于选择的机会让自己的生活发生改变，这样才能提升生活质量，也彻底改变生活中无法使人满意的现状。

3. 理性思考，不要被负面情绪影响，这样你才能顺利实现人生目标，变得更有自信。

那些帮助你打圆场继续忍耐的话语话术

人是群居动物，每个人都要生活在人群之中，每个人也都难以避免要与其

他人打交道。众所周知，每个人的脾气秉性是完全不同的，每个人的人生观、世界观、价值观等思想观念都是完全不同的，这导致人们面对人和事也都有不同的态度和意见。由此一来，人们在彼此交往时，难免会产生矛盾和纠纷，也会导致争吵和争执。所以，我们要想与他人搞好关系，就要保持冷静和理智，尤其是在有纠纷的时候，更应该努力控制自己的情绪，从而宽容忍耐。当然，当情绪突然产生，忍耐也并非是轻而易举的。尤其是与他人面对面进行沟通和交涉时，我们必须学会适当的话语话术，才能打好圆场，继续忍耐。

很多朋友都会发现，其实人与人之间相处主要靠交流。因而，会说话，能把话说好，是非常重要的。尤其是在现代社会，人际关系被提升到前所未有的高度，我们更应该主动积极地与他人交流，而且要宽容忍让，胸怀博大，这样才能打好圆场，让人际关系更加润滑融洽。

很久以前，有个理发师傅收了个徒弟，每天都耐心教授徒弟理发的手艺。三个月之后，徒弟终于学有小成，所以师傅开始安排他正式上岗。徒弟为第一位顾客理完发，顾客对着镜子说：“有点儿太长了吧。”徒弟无言以对。师傅笑着说：“您身份高贵，气质不俗，头发高点儿，能够使您显得更加庄重。”顾客听了师傅的话，高高兴兴地离开了。

给第二位顾客理发时，徒弟生怕再遭到埋怨，因而特意理得短了点儿。第二位顾客对着镜子说：“太短了吧。”徒弟还是不知道该说什么，师傅笑着说：“您这么年轻，头发短些显得精神，而且使人感到很值得信任。”第二位顾客也满意而去。

徒弟小心翼翼地帮助第三位顾客理发，很久才理完，顾客不满地唠叨着：“理发居然要用这么久。”徒弟很尴尬，师傅马上解释：“您可是‘首脑’啊，至关重要，应该多花时间，理得认真仔细。”顾客听了师傅的话，哈哈大笑。

没过多久，第四位顾客进门，徒弟胆战心惊地加快速度给顾客理发，顾客却说："敷衍了事吧，才用了二十分钟。"徒弟更加心慌意乱，无言以对，师傅立刻满脸堆笑地说："现在这个社会，浪费别人的时间就是谋财害命。我们主张速战速决，绝不浪费顾客一分一秒的时间。"顾客听了，不由得连连点头，表示认可。

从这个事例中不难看出，这位理发的师傅真是巧言善辩，能说会道，堪称"打圆场"的高手。不管顾客多么不满意，他每次都能把话说得恰到好处，从而使顾客心花怒放，无法反驳，同时也帮助徒弟摆脱了尴尬和难堪，打消了徒弟心中的紧张不安。

我们在日常生活和工作中，也难免会遇到各种各样的刻意刁难和挑衅。我们必须具备高超的语言能力，提升自己的语言水平，才能最大限度发挥语言的作用，为我们的人际交往起到润滑的作用，使我们的人际关系更加和谐友善。

情绪启示

1. 为了更好地打圆场，我们可以在事情发生之前，先预测事情的发展以及可能出现的情况，从而帮助我们做好准备，以免仓皇失措。

2. 面对生活的无奈，我们应该学会幽默。唯有怀着积极乐观的精神，我们才能最大限度发挥主观能动性，从容应对生活。

3. 远离负能量，让自己充分拥有自信，这样才能对任何突发情况无所畏惧。当我们内心从容，我们的语言也必然从容。

第14章

学会对自己微笑——微笑，是对坏情绪最好的回击

每个人都有七情六欲，现实生活中，我们也常常因为各种事情的触动，导致情绪发生波动。有的时候，我们会因为别人一句不经意的话，或者是不经意的举动，受到影响；有的时候，我们会因为自身的情绪低落，非常消沉。实际上，我们完全无须如此。归根结底，金无足赤，人无完人，每个人都是有缺点和不足的，我们唯有以积极的方式调整心态，才能平心静气地面对生活的一切。正如有人曾经说的，生活是一面镜子，你对它微笑，它才会回应你微笑。因而，聪明的人总是微笑着面对自己，面对生活。

微笑，是自处以及与他人相处的最好武器

人生不如意十之八九，尤其是当遭遇生活中琐碎的不愉快时，我们又要如何对待呢？有很多人因为一些小事情就会生气，郁郁寡欢，甚至影响生活和工作；相反，有很多人即便遭遇很大的不愉快，也不会感到生气，因为他们知道，不管生活如何，唯有保持微笑和积极乐观的心态，才能更好地与他人相处，也为自己的生活和工作创造更便利的条件。

记得曾经有位名人说过，生气是用别人的错误惩罚自己。任何时候，我们都要放宽心胸，否则当我们因为别人的错误耿耿于怀，我们难免会因此陷入怪圈，导致人生充满怨恨和憎恶。所谓退一步海阔天空，只有我们宽容对待他人和自己，我们才能拥有辽阔的人生。其实，要想拥有好心情也很容易，我们应该学会微笑。尤其是在他人有意或者无意伤害我们时，我们更应该微笑着面对人生，这样才能使我们始终豁达乐观，充满笑容。

人生不会总是一帆风顺，尤其是我们在与他人打交道的时候，因为每个人的脾气秉性各不相同，所以人与人相处难免会发生各种矛盾，甚至是争执、纠纷。在这种情况下，与其与他人撕破脸皮、针锋相对，不如采取合适的措施和策略，以微笑回应他人，从而使他们对于我们的笑容无计可施。

很久以前，有位商人邂逅诗人海涅，因为海涅向来清高，所以商人恶意嘲讽海涅：“我去了塔希提岛，你知道岛上给我印象最深刻的是什么吗？”

海涅说：“不知道，你认为是什么呢？”商人居心叵测地说：“那个岛很奇怪，不但没有驴子，也没有犹太人。”原来，海涅正是犹太人，因此处处遭人歧视，现在又被商人借机嘲讽。但海涅并没有因此生气，而是微笑着回答商人：“哦，那可太好了，只要我们一起去到那个岛上，就能同时弥补这两个空缺。”听到海涅的回答，商人气愤不已。面对海涅佯装无辜的笑容，他又无计可施，只能哑巴吃黄连，有苦说不出。

原本，商人是故意把海涅和驴子相提并论的。没想到，海涅非但没有被他激怒，反而还以微笑面对他，并且以机智幽默的回答反驳了他，使他无言以对。现实生活中，很多朋友都特别易怒，不管面对什么事情，他们都如同炮仗一样点火就炸，导致自己怒火中烧，失去理智。其实，要想如同海涅一样机智面对他人的恶意，最好的办法不是生气，而是要保持冷静，从而最大限度发挥自身的智慧，聪明地应对他人。毕竟，人生不是为了生气才存在的。任何时候，我们唯有平静理智，才能不给别人可乘之机。

除了与他人相处需要面带微笑，面对自己，我们同样需要经常微笑。很多人常常郁郁寡欢，早晨起床对着镜子里的自己总是愁眉不展，导致自己一整天心情都不好。其实，假如我们能够调整心态，对自己经常面带笑容，保持微笑，那么我们的心情也会渐渐好起来，从而有助于我们的生活和工作。

现代社会还有很多人品质恶劣，他们往往无缘无故就对别人展开恶意攻击。有些脾气暴躁的人在遇到这样的人时与其针锋相对，反唇相讥，最终导致他们怒火中烧，做出冲动的举动，甚至威胁我们的生命安全。其实，假如我们能够摆正心态，从容应对他们的攻击，合理控制自身的情绪，那么我们就能充分展现自身的涵养，理智思考问题，从而最圆满地解决。

不管什么情况下，微笑都具有征服力。很多客服人员在面对难缠的客户时，都会冷静从容，面带微笑。有些律师在面对激烈论辩的庭审时，也会面带微笑，从而保持内心的愉悦和气质的从容。所以聪明的朋友们，面带微笑吧！所谓不怒自威，微笑不会降低你的威严，只会让你变得更加英武。

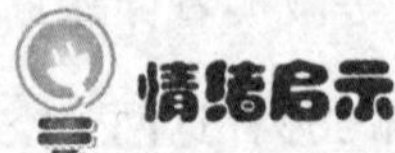

1. 真正的强者不是怒形于色，而是在愤怒中也能面带微笑，保持平静和理智。

2. 对于那些恶意惹怒我们的人，我们最好报以平静的微笑。这既是对他们的回应，也是对他们的有效安抚和有力回击。

3. 微笑不但能够安抚别人，也能安抚我们自己。

你的心若美好，你的生活就美好

生活如同在海上航行，并不总是一帆风顺的。很多时候，我们难以回避那些使人不愉快的事情，它们就像是生活的刺，硬生生地扎在我们的心里，使我们感到坐立不安，如同热锅上的蚂蚁一样焦灼。我们希望生活十全十美，希望能够回避所有烦恼，然而我们总是做不到。微笑是一种非常愉快美好的表情，当我们的脸上挂着微笑，我们的心里也就挂着微笑。然而，始终面带微笑地面对生活并非人人都能做到。归根结底，人生路上既有平顺，也有艰难坎坷。遭遇失败的人们总是沮丧绝望，完全忘记了微笑的模样。尤其是当怒火中烧时，他们甚至歇斯底里，完全丧失理智，更别说微笑了。

我们羡慕很多成功者，觉得他们能够登顶人生的巅峰，一定是有过人之处。其实，大多数成功者之所以能够成功，并非因为他们有过人的能力或者胆识，主要是因为他们面对失败和生活的态度。他们对待生活始终非常坚强乐

观，因而他们的生活非常美好，他们的人生也变得更加从容不迫。

实际上，生活的状态很大程度上取决于我们的心态。我们的人生没有失败，正如海明威笔下的桑迪亚哥老人所说的，一个人尽可以被打倒，就是不会被打败。所以，只要我们保持积极乐观的心，我们的生活就会变得更加美好。记住，我们的心就是我们的世界，如果我们的心美好，我们的人生和世界都会变得美好。

日本有个大名鼎鼎的邮差，叫清水龟之助。他二十如年如一日地从事邮差的工作，不但辛苦，而且薪水很低。但是他始终保持积极乐观的心态，给每一个人送信的时候，都保持着微笑，带给人们来自他心底的快乐。

清水龟之助很小的时候跟随母亲一起去寺庙上香。当时，方丈正在用清水洗桃子。桃子非常新鲜，清水龟之助眼巴巴地看着桃子，方丈洗好之后，当即拿了一个很大的桃子给他。妈妈不让他拿，对方丈说："师父，您把桃子给了他，您就少了一个桃子。"方丈笑着说："我虽然少了一个桃子，但是世界上却多了一份吃桃子的快乐。"说完这句话，方丈就把桃子给了清水龟之助。从此之后，清水龟之助知道了，快乐是可以传递的。长大之后，清水龟之助虽然成为了一名默默无闻的邮差，每天都要骑着自行车在大街小巷送邮件和信件，但是他始终心怀快乐，不以工作为苦，总是面带笑容。因此，清水龟之助才能获得日本的终身成就奖。在他之前，只有对社会有特殊贡献的精英人物，才能获得如此至高无上的荣誉。在了解他的事迹之后，人们纷纷为他竖起了大拇指，认为他得到终身成就奖完全是名至实归。

一个人是否快乐，是否拥有美好幸福的人生，不在于这个人是否有权有势有钱，而在于他的内心是否美好。当我们内心美好，当我们不管对于自己还是他人都面带微笑，我们就能怀着轻松的心态面对生活，也能够让自己的心中微笑绽放，还能给身边的人带去幸福快乐。对自己微笑，是一种积极的心理暗示，能够帮助我们变得轻松愉悦，充满信心；对他人微笑，是一种表示友好的方式，也是人际关系的润滑剂，能够让我们与他人之间关系和谐融洽，更加美好。

所以朋友们，让我们心怀美好吧！任何时候，赠人玫瑰，手有余香。我们的心美好了，我们的人生也会变得更加幸福美好。因而，我们一定要始终面带微笑，保持平心静气，从而让我们的生活鲜花遍野，越来越美好。

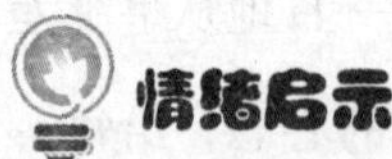

1. 虽然很多客观存在的人和事都是我们无法改变的，但是我们能够改变自己的心情，从而让自己看到的一切都是美好的。

2. 拥有怎样的人生，归根结底取决于我们的心态。只有拥有好的心态，我们才能积极乐观，也才能拥有幸福快乐。

3. 任何时候，我们都要面带微笑，既对自己微笑，也对他人微笑。这样，我们才能生活在和谐融洽的人际关系中。

积极的心理暗示帮助你赶走坏心情

人的心是活的，听到的话总是使其产生一定的改变，这也就决定了人心容易受到暗示的影响。如果进行积极的自我暗示，一个人就会积极正向，充满正能量；如果进行消极的自我暗示，一个人就会消极悲观，充满负能量。心理学家已经证实，积极的自我暗示能够帮助我们消除内心的恐慌，消极的自我暗示则会使人心中更加恐惧，甚至导致身体也随之产生不利于健康的变化。

很多人出身贫寒为自己制定了远大的理想和人生计划，因而在奋斗的过程

中坚持激励自己，对自己进行积极的自我暗示，最终彻底改变了自己的命运，出人头地，成为人生的成功者和强者。相反，假如一个人始终进行消极的自我暗示，就会导致命运更加糟糕，人生也会更加坎坷挫折。曾经，有个人在冷库里工作，眼看着就要下班了，他突然想起有私人物品遗落在冷库中，因而进入冷库去取东西。不想，工友们不知道他在冷库中，因此锁上冷库的门下班了。这个人发现自己被锁在冷库里，不由得惊慌失措，大喊大叫，但是无人应答。一夜之后，工友们来上班，发现他已经死在冷库中。最让人惊讶的是，冷库当天晚上拔掉了电源，根本没有制冷，而且冷库中的空气也完全够他一晚上消耗的。最终，心理学家证实，他死于内心的恐惧，死于绝望的心理暗示。由此可见，消极的心理暗示不但影响我们的心情，对于我们的身体健康也是有着恶劣影响的，甚至会夺走我们的生命。

现代社会，每个人的生存压力都很大，人们也备感焦虑。在这种情况下，我们更需要进行积极的心理暗示，才能赶走坏心情，保持心情愉悦轻松，从而更加坦然从容地面对生活和工作。要知道，愁眉苦脸和焦虑的心情，根本不能帮助我们赢得好心情。任何时候，任何情况下，我们唯有积极主动，才能摆脱沮丧绝望，也才能让我们的人生充满希望。

1998年7月22日，中国体操运动员桑兰，在进行纽约友好运动会赛前训练时，不幸跌落，导致颈椎受伤。从此，原本默默无闻的她受到了祖国人民和美国民众的关注。当时，桑兰只有十七岁，正值人生花季，也有着锦绣前程。然而，严重的伤势使她不得不面对残酷的命运，她未来只能在轮椅上度过。桑兰很乐观，她非常积极地面对伤残，从受伤后第一次出现在公众视野中，就始终面带微笑，表现出积极乐观的精神。

在美国进行将近一年的治疗后，桑兰回到祖国进行康复训练。后来，她还积极学习文化课程，参加各种公益行动，最终成功地“站”起来了。对于桑兰

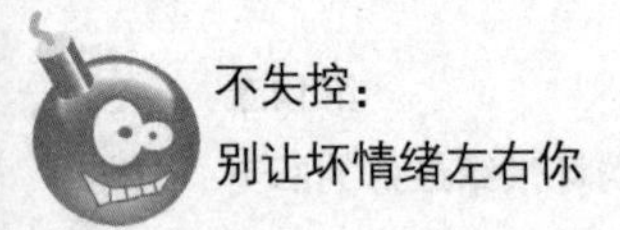

的表现，美国民众赞美她代表了中国人民的光辉形象。祖国无数关心桑兰的民众，也被她的精神感染和鼓舞。如今的桑兰已经成为母亲，拥有健康可爱的儿子。她为很多公益事业奔走呼号，也为无数人点燃了心中的火炬。

对于一个年仅十七岁的花季少女而言，高位截瘫显然是很难接受的。曾经如同精灵一样舞动的“跳马王”桑兰，如今只能在轮椅上度过余生。假如没有坚强的精神作为支撑，假如她不曾始终鼓舞和激励自己，她一定会非常伤心绝望，导致人生戛然而止。幸好，桑兰很乐观，始终没有放弃希望，所以才能不断努力，扬起自己生命的风帆。

1. 生活中，我们的情绪时常如同过山车，时而高兴，时而失落。当心情很差时，我们不如采取积极的自我心理暗示，从而帮助自己恢复好心情。

2. 我们必须知道，无论我们心情如何，人生总是要继续向前。因而，我们必须及时调整心情，勇敢面对人生。

3. 佯装高兴，渐渐地，我们就会真的变得高兴起来。所以朋友们，对着镜子里的自己笑一笑吧，你会发现你很快就开心起来了。

让愤怒转化为源源不断的动力

有人说生气是用别人的错误惩罚自己，有人说喜欢生气的人大多都是无能的人。不管人们怎么说，生活都不可能一帆风顺，我们无法让生活顺心顺意、十全十美，唯一能做的就是调整自己的心态，控制自己的情绪，让自己把愤怒转化为“精气神”，让自己充满激情，从而活力十足。

每个人在生活中都难免会遇到不开心的事情，导致自己愤愤然。如果我们能够修炼自己的内心，让自己练就一身不生气的本领，那当然是好。遗憾的是，真正能够做到不生气的，除了世外高人，几乎没有。但是，一味地压抑自己的愤怒也是不好的，否则愤怒在心中不断淤积，最终会像火山爆发一样，导致严重的后果。因而，我们必须转化愤怒，让愤怒成为源源不断的动力，这样就能变废为宝，对于我们的人生也是非常有利的。

1931年，美国经济低迷。当时，克罗克还很年轻，为了解决温饱问题，他不得不四处奔波，找工作。他曾经当救护车的司机，也曾经演奏钢琴，还推销过搅拌器。面对坎坷的命运和艰难的生存状况，克罗克深深感觉到自己生不逢时，特别无助。但是，他并没有沮丧绝望，更没有失去希望。他一直满怀激情，相信自己终究能够让人刮目相看。1955年，已经年过半百的克罗克回到家乡，开始创业，成立了麦当劳兄弟公司。经过几十年的苦心经营，克罗克把麦当劳发展成为世界连锁的快餐店，风靡全球，因此人们都称他为“汉堡包王”。

人是情感动物，情绪也很容易波动。人的愤怒并非单纯指的是对于他人的怒气，也指人们对于自身的情绪和情感体验。很多人不但生别人的气，也会生自己的气，甚至还会因为自己的失误或者错误，感到特别愤怒。实际上，生气和愤怒根本无法解决任何问题，不管什么时候，我们都要正视怒气，也要学会化解怒气，这样才能让我们的人生积极向上，也才能让我们的人生更加乐观。当我们以愤怒点燃人生的激情，我们的人生必然与众不同。

作为商界奇才，史玉柱无疑是从“巨人大厦”的废墟中走出来的巨人，所以他才能缔造那么多的商界传奇，也才能创造那么多的商界神话。史玉柱曾经失败过，而且失败得很惨，但是他始终心怀对于生命的激情，也不愿意在残酷挫折的命运面前缴械投降。他把自己对于失败的愤怒转化为人生中源源不竭的动力，所以才能拥有今日的成就。与史玉柱恰恰相反，很多人一旦失败，就会变得垂头丧气，甚至在失败之前，就已经失去了成功的希望。这样一来，他们又如何能够扭转局势，使得事情发生根本性的转机呢？人活着，活的就是精气神，任何时候，我们都不能改变自己的初衷，更不因为失败导致人生突然落幕。不得不说，那些自杀的人都是人生的懦夫。试问，一个人如果连死都不怕，还怕活着吗？假如我们能够拿出面对死亡的勇气面对一切，那么我们的人生就会活出不一样的精彩。

看看我们身边的那些成功者，他们之中的大多数并非因为拥有好运气才获得成功，而是因为他们面对失败永不屈服的态度。他们的心中有激情的火焰正在熊熊燃烧，他们的内心充满着无穷的动力面对人生。他们从不轻易放弃，勇往直前，以实际行动证明自己的能力。正因为如此，他们才能成为世界上真正的强者，才能经受住命运的重重打击，最终到达成功的彼岸。

1. 没有人的人生会是一帆风顺的。任何时候，我们都要勇敢地面对失败，这样才能把愤怒转化为动力，积极面对人生的低谷。

2. 任何失败和困难都是暂时的，我们越是及时战胜消极情绪，就越是能够战胜失败，把一切愤恨都化为动力，鼓舞自己勇往直前。

3. 真正的强者不但能够创造辉煌，拥抱成功，也能坦然面对失败，把人生中的所有愤怒都积极转化为好的情绪，奋发向上。

坦然面对如同白开水一般的生活

很多人觉得生活寡淡无味，的确，生活就像是一杯白开水，非常平淡，毫

无滋味。因而，很多人追求生活的轰轰烈烈，也有很多人追求生活的刺激和新鲜，但是最终却发现，生活的本质就应该是如同白开水一般的。举个最简单的例子，很多人都喜欢喝各种各样的果汁、饮料等，然而在真正口渴的时候，才发现白开水才是最解渴，喝下肚子里也是最舒服的。正如一句歌词唱的，“曾经在幽幽暗暗反反复复中追问，才知道平平淡淡从从容容才是真。”轰轰烈烈之后，我们必然要恢复生活的本真。因为这就是生活的本质，也是我们必须接受的事实和真相。

就像谈恋爱，热恋时期的热情只能维持很短的时间，正如有些心理学家所说的那样，爱情的保鲜期是很短的。唯有在热情之后，我们才能恢复感情的常态，让爱情变成亲情相守，这样的感情才是深厚长久的。生活也是如此，和爱情一样无法永远保持激动的状态。唯有平淡沉稳，才能天长地久。偏偏有些人很冲动易怒，例如因为升职加薪不够满意，就变得很生气；因为别人一句无心的话，就气愤不已；因为与他人小小的摩擦，就始终怀恨在心，愤愤不平。这么做只会打乱我们心中的宁静，使我们更加无法面对人生的起起落落。

有句话很多人都知道——宠辱不惊，闲看庭前花开花落；去留无意，漫随天外云卷云舒。对于任何人而言，除了生死，一切都是生命的过客，因而我们唯有想透了看开了，才能保持人生的平静淡然。繁华过后，必然要恢复寂静和苍凉，漆黑夜晚中的点点繁星，才能让我们寻找到内心的坐标。

大学毕业后，思彤不愿意回到家乡过那种平淡如水的生活，因而他拒绝了父亲四处托关系为他安排好的稳定工作，只身一人背起行囊，来到了南方。起初，他心态高傲，觉得自己是堂堂大学生不能低就，所以找工作处处碰壁。后来，他的积蓄越来越少，因此他不得不放低姿态，先去了一家大企业当了一名小小的文员，薪水很低，工作劳累，但是他脚踏实地，任劳任怨。当与大学同学通电话聊天时，同学们都很为他惋惜，责怪他当初不该放弃旱涝保收的铁饭碗。对此，他笑了笑，什么都没有说。

对于这份简单枯燥的工作，他毫不懈怠，而是下定决心要把工作做好。他谦虚勤奋，遇到不懂的问题就请教同事。一次，老板着急去会上发言，但是老板的贴身秘书却不在，因而他主动请缨为老板准备演讲稿。老板就像是发现了一块隐藏的金子般，意识到他才华横溢，因而提升他为自己的助理。虽然职位上升了，薪水也提高了，但是思彤的日子依然波澜不惊。单位里有人下海经商，拉拢思彤和他们一起干，但是思彤拒绝了。对于自己眼下的工作，思彤很满意，也愿意倾尽全力做出一番成就。

后来，思彤不断得到提拔，最终成为公司副总，进入了人生崭新的天地。而当初抱怨公司待遇不好而下海创业的那些同事，非但没有挣到钱，反而还把不多的积蓄都搭进去了。至于思彤老家的同学们，全都过着仨饱一倒的生活，白白浪费了大好的青春时光，与意气风发的思彤截然不同。

生活的确如同白开水，非常平淡，但是我们的心中要有激情，这样才能点燃生活的烈焰。其实，生活的状态并不完全取决于客观，更大程度上取决于我们的主观。只要我们心中有着燃烧的火焰，始终不放弃希望，那么我们的人生就会无比璀璨辉煌。

1. 古人语，乐天知命，故不忧。这句话的意思是说，我们应该怀着积极乐观的心态，顺应天命，坦然接受人生的一切安排。

2. 人生之中，任何困难和障碍都只是暂时的，所以我们应该拥有博大的胸怀，悦纳命运赐予的一切，也积极地面对人生。

3. 生活中既有得意也有失意，我们应该从容淡定地面对这一切，以不变的心态面对万变的人生，这样才不会被生活的平淡彻底击垮。

第15章

我的心情我做主——保持好心情，让我们的人生快乐多一点

现代社会的年轻人，总是把“我的地盘我做主”挂在嘴边，似乎正在彰显自己的个性，宣誓自己的主权。其实，何止是你的地盘你做主，你的心情也同样由你做主。抱怨人生不快的人，更应该反思自己，怎样才能让人生保持快乐，避免郁郁寡欢。

主宰情绪，也就战胜了自己

从心理学的角度来说，每个人的心中都有一座围城。现代社会，生活节奏越来越快，工作压力越来越大，导致人们渐渐不再欣赏和肯定自我，从而迷失了自我，变得随波逐流。这样一来，人们还谈何幸福快乐可言呢？因而，我们应该学会主宰自身的情绪，从而成为自己的主宰，成为命运的主人，也最大限度为自己的人生掌舵。

从本质上来说，快乐是一种心态和心境。一个处处否定自我的人，很难得到快乐。快乐的人，大多数都是充满自信的，也是宽容豁达的。因而我们要想拥有快乐的人生，给自己充满快乐的心情，就要端正自己的态度，摆正自己的心态，这样才能让自己产生积极的人生体验。快乐是一种情绪，人生是有很多情绪的，诸如人们会感到冲动、激动和不安，也会感到悲观绝望，更会因为过于愤怒歇斯底里。愤怒不但导致人们智商降低，也会使人们失去理智，最终变得暴怒不安。在这种情况下，我们与其生气，被情绪主宰，不如主宰情绪，反而能够占据主动位置。

很多时候，人生都是在选择和博弈之间完成的。假如我们连自己的情绪都主宰不了，又谈何主宰人生，战胜自我呢？很久以前，有个小女孩是个孤儿，她从未见过自己的爸爸妈妈。随着年龄渐渐长大，她越来越自卑，情绪也变得暴躁不安。她经常沮丧而又绝望地问孤儿院的院长："院长，为什么别的小朋

友都有爸爸妈妈，我却没有？既然爸爸妈妈都不要我了，我活着还有什么意思呢？”校长几次三番地安慰她，但她始终郁郁寡欢，时而会毫无征兆地大发脾气。

有一天，校长拿出一块很普通的石头交给女孩，告诉她：“你把这块石头拿到集市上去卖，看看人们能出多少价钱，然后带着石头回来见我。”小女孩当即拿着石头去往集市，出乎她的预料，有很多人都对这块石头感兴趣，而且还出了很高的价格。女孩兴致勃勃地带着石头回到孤儿院，向校长汇报情况。校长看着女孩兴奋的样子，笑而不语。后来，校长安排小女孩带着石头去黄金市场。小女孩发现石头的价格水涨船高，居然比昨天最高出价还高十倍。之后，校长安排小女孩去宝石市场展示石头，结果石头的价格居然比黄金市场的最高出价又涨了十倍。小女孩始终牢记院长的叮嘱，从未卖掉那块石头，而是带着石头回到孤儿院，问院长：“院长，石头的价格为何这么高呢？这只是一块普通的石头啊！”校长语重心长地说：“孩子，这块石头就像是一个人，把自己定位成什么，它的价值就值多少。所以，一个人千万不要妄自菲薄，也不要因为那些不值一提的小事情郁郁寡欢。我们必须看重自己，才能让生命充实而有意义。”听了校长的话，女孩恍然大悟。

一个人如果自轻自贱，别人又为何要看重他呢？任何情况下，我们必须充满自信，才能水涨船高，得到别人的尊重。人生苦短，我们一定要放宽心胸，这样才能最大限度发挥主观能动性，创造人生的辉煌。

情绪启示

1. 对于任何人而言，都必须保持身体健康，端正心态，调节好自身的情绪，才能更好地创造人生，实现人生目标。

2. 人生之中，并不是只有愤怒和无奈。我们可以把握自身的情绪，也可以利用那些积极乐观的情绪，为我们的人生助力。

3. 一定要调整好心态，这样才能坦然面对人生的风风雨雨，也才能在磨难和打击面前占据主动地位，尽情享受生活的幸福美好。

愤怒是魔鬼，使人与快乐幸福绝缘

通常情况下，人们一旦生气，难免情绪激动，无法保持冷静和理智，而且无法估计到他人的所思所想，最终导致冲动之下做出让自己懊悔的举动。其实，假如我们生气的时候能够保持理智，站在他人的立场上思考问题，想到他人的处境和为难的地方，那么就能够更加理解和体谅他人，从而设身处地为他人着想，与他人保持和谐融洽的关系。

很多时候，我们为了一时的痛快而发泄情绪，却不知道自己无心的话或者无心的举动，就有可能伤害他人的切身利益。尤其是因为他人而感到愤怒、郁郁寡欢或者愤愤不平时，虽然别人也许并不知道我们正在生气，更不明白我们为何生气，但是我们却自顾自地生气，最终让自己被愤怒驱使。经常看影视剧的人会发现，很多电视剧情之所以百转千回，都是因为误会导致的。尽管看起来觉得不可思议，但是误会的确对生活的影响很深刻。所以朋友们，我们应该学会控制自己的情绪，远离愤怒，也要学会调整自己的心态和情绪，这样才能保证我们时刻拥有好心情，也不会因为冲动导致做出不可挽回的举动。

当然，虽然远离愤怒说起来容易，但是生活总是无常的，尤其是当我们的利益或者是尊严遭到他人的严重挑战时，我们难免会心绪不平，陷入冲动和气愤之中。心理学家提出，人之所以愤怒，实际上是因为各种原因引起的心理失衡。因为愤愤不平，所以一个愤怒的人很难冷静理智地思考，也根本无法保持

心理上的良好状态。但是人非圣贤，孰能无过。当我们因为他人的错误感到生气时，不如想一想，我们自身是否毫无错误可以指责呢？如果答案是我们也有错误，我们也是会犯错误的人，那么我们就应该宽容和体谅他人，不因为他人小小的错误就责骂他人，影响人际关系的和谐。记住，愤怒是魔鬼，一个愤怒的人永远也无法收获幸福快乐。

作为举世闻名的成功学家，卡耐基先生经常参加演讲。有一次，他临时通知秘书莫莉帮他准备一份演讲稿，因为他第二天上午就要参加演讲。当时还有不到半个小时就下班了，因而莫莉急急忙忙准备好演讲稿，将其放到卡耐基的公文包里，她就下班了。

第二天，卡耐基先生来到演讲台上，拿出演讲稿就开始演讲。然而，他刚刚说了几句，台下的听众们就爆发出无法遏制的笑声。这时，他才发现自己的演讲与当天的演讲主题驴唇不对马嘴。看到自己出了大洋相，卡耐基气愤不已，恨不得立马回到办公室开除莫莉。但是他很清楚，现在还不是生气的时候，他灵机一动，转变话题，开始即兴演讲。尽管整场演讲都没有演讲稿，但是卡耐基的演讲依然非常成功。

演讲结束后，卡耐基夹着公文包回到办公室，正在看报纸的莫莉马上放下报纸，迎上来接过公文包，笑眯眯地问："先生，您今天的演讲一定非常成功吧？"卡耐基点点头，说："的确，我刚刚说了几句，台下就全都是掌声和喝彩声。""真诚地祝贺您。"莫莉说。卡耐基先生这时才说："莫莉，掌声和喝彩声并非真的赞美我，而是因为我今天的演讲主题是'怎样摆脱忧郁'，但是我却读起了你为我准备的关于如何提高奶牛产量的演讲稿。今天，我可算知道什么是哄堂大笑了。"

莫莉满脸通红，一连声地小声说："卡耐基先生，非常抱歉，我真的是太粗心了，我让您丢脸了。"卡耐基轻描淡写地说："没关系，正是因为你，我才能尽情自由发挥呢。我应该感谢你！”莫莉更加无地自容，从此之后，她对工作严肃认真，再也没有犯过类似的错误。

正是因为卡耐基的宽容，莫莉才严肃认真地对待工作，彻底改掉了粗心的毛病。假如卡耐基一开始就严厉批评莫莉，那么莫莉非但不会深刻认识到自身的错误，还有可能因为逆反心理，一时冲动辞职，或者因为毫无内疚之心，导致粗心的毛病愈演愈烈。从卡耐基的角度而言，他也必然因为气愤导致情绪波动，可谓得不偿失，因为即便辞退莫莉，新的秘书也未必能够做好工作。所以，与其舍本逐末，不如给予莫莉深刻的反思机会，这样莫莉就能够改掉已经暴露的缺点，从而变得更加符合卡耐基的要求，把工作做得尽善尽美。

现实生活中，每个人都难免受到伤害，在想要生气时，不如先站在他人角度想一想，从而有效减轻我们内心的愤怒，也帮助我们恢复清醒和理智。每个人都是有缺点和优点的，我们如果因为他人的缺点和不足而生气，不如静下心来想一想他人的优点和长处。假如我们自认为被他人亏欠，那么不如想一想他人曾经对我们的好处，这样一来，我们必然心平气和，更能理解和体谅他人，我们的气愤情绪也会烟消云散。

情绪启示

1. 我们在愤怒发作之前，应该适当控制自己，这样才能给予怒气缓冲时间，不至于突然爆发。

2. 现实生活中，我们难免会受到他人或者有心或者无意的伤害。每当这时，愤怒不应该作为第一反应，我们首先应该设身处地为他人着想，从而理解他人苦衷，也减轻自己内心的愤怒。

3. 朋友们一定要记住，只有远离愤怒，我们才能迎来幸福和快乐。

良好的情绪，使你拥有好运气

现代社会，生活节奏快，工作压力大，很多心理扭曲变态的人突然做出冲动之举，轻则伤害自己，重则扰乱社会治安。很多开车的人都发现，路怒症患者越来越多，这也是不良情绪长期积压的结果。大多数坏脾气的人，心中总是有一股无名邪火，哪怕只是遇到一些微不足道的小事，他们的情绪也会瞬间爆发，身边的人常常觉得莫名其妙。

然而，人与人相处时，唯有给予他人足够的尊重和认可，我们才能真正赢得他人的尊重和认可。否则，我们就会失去好人缘，导致人际关系越来越恶劣。如此一来，坏情绪使我们陷入恶性循环之中，越是情绪不好，越是容易触怒别人，也越是会招致他人的厌恶和憎恨。所以说，我们唯有控制好自身的情绪，拥有好脾气，才会得到好福气。

曾经，小叶是个很内向的女孩，脾气也很好，但是后来结婚成家之后，随着生活压力越来越大，再加上小叶的老公是个好好先生，小叶的脾气越来越坏，情绪也如同过山车一样，使人很难接受。

前段时间，小叶因为与单位领导发生争执，产生了小小的不愉快，一气之下以骨裂为由，请了两个月的假。她专门在家带孩子，但因为缺乏耐心，对孩子总是横眉竖眼的。一个周末，孩子想去看电影，小叶没有抢购到低价票，因而当孩子提出要去公园滑轮滑时，她气鼓鼓地答应了。到了公园，不到十分钟，孩子就不小心摔倒，导致右腿严重粉碎性骨折。对此，小叶悔不当初，不知道自己为何心中总是充满怨气，甚至对孩子也完全没有耐心。虽然老公嘴上没有责怪小叶，但委婉地对小叶说："既然你工作不愉快，那就辞职吧。不然的话，你总是不高兴，导致家庭生活也受到影响。你看看，自从你去上班，咱们家出了多少事情啊，一点儿都不太平。”小叶看到孩子伤得那么严重，也特别懊悔，因而主动辞掉工作，在家中平复心情。

生活和工作中，人们经常因为各种各样的事情导致心绪不平，殊不知，坏情绪给我们带来的影响是非常严重的。通常情况下，坏脾气的人与人三言两语不和，就会发生激烈的争吵和争执。哪怕对于亲密无间的人，他们也因为缺乏耐心，导致人际关系越来越疏远和恶劣。在这种情况下，有人因为坏脾气失去爱人，破坏家庭；有人因为坏脾气失去好不容易得到的工作和好机会；还有人因为坏脾气伤害他人，走上不归路。由此可见，坏脾气除了给生活带来灾难和晦气之外，对于生活没有任何好处。而且，当我们心中充满怨气和戾气，我们就很难得到好脾气的眷顾。

人生是漫长的，也是短暂的。要想拥有幸福美好的人生，我们首先就要调整自身的情绪，从而拥有好脾气。一个好情绪、好脾气的人，不但拥有好人缘，而且还能够建立良好的人际关系，拥有丰富的人脉资源。现代社会，人际关系被提升到更高的高度，一个人要想获得成功，没有人际关系的支持是不可能的。所以我们理应调整心态，控制情绪，表现出好脾气。

情绪启示

1. 每天清晨起床后，对着镜子里的自己微笑，这样你的心也会微笑起来。

2. 如果缺乏自信，不妨每天都对自己进行积极的自我心理暗示，告诉自己“你是最棒的”“你是最优秀的”。这样一来，你会发现你越来越充满自信，也能够坦然面对命运赐予的一切艰难坎坷。

3. 努力控制自己的情绪，不要让自己如同脱缰野马那样暴躁不安，这样你的心情才能越来越开朗，你的人生也会充满好福气。

勤快的人儿，更容易获得好情绪

细心的人会发现，大多数坏脾气、坏情绪的人往往非常懒惰。这是为什么呢？因为他们太闲了，无所事事，所以才会空余出很多的时间和精力，用来琢磨如何发脾气。但是等到他们发泄一通之后，任何难题都没有得到有效解决，他们不但错过了解决问题的最佳时机，而且因为坏情绪和坏脾气，导致自身被愤怒冲昏头脑，完全失去理智。此外，这也意味着坏脾气的人动手能力很弱，在肆无忌惮发脾气的时候，根本没有机会弥补失误。所以，对于坏脾气的人而言，越是遇到生活的难题，就越是会陷入恶性循环之中。

与他们恰恰相反，好情绪的人都是手脚干脆利索的人。他们每天忙忙碌碌，过得非常充实，所以根本无暇想些乱七八糟的事情。他们经过白天的劳累，晚上睡觉也会非常香甜，更没有时间想些钩心斗角的事情，因此活得简单纯粹，充实有意义。由此可见，有很多人误以为懒惰的人都是好脾气，是错误的。懒惰的人既想享受无拘无束的生活，又想让身边的人无条件地为他们服务，这样一来，他们必然会情绪波动，因为现实根本无法让他们满意。

麦子在家里最小，因此深得爸爸妈妈和哥哥姐姐的宠爱。每到农忙时节，虽然全家人都下地干活，麦子却悠闲自得地留在家里，还要姐姐专门回家做饭给她吃。有的时候，如果爸爸妈妈交代麦子做什么事情，麦子没有完成，反而会倒打一耙，在爸爸妈妈没有责备她的时候，先责备爸爸妈妈。渐渐的，麦子的脾气越来越差，也变得越发懒惰，稍有不如意就会大发脾气。

高中毕业后，麦子去遥远的大城市读大学。一下子脱离爸爸妈妈的翼护，麦子根本无所适从。整个宿舍都干净清洁，只有麦子的床铺始终都是乱糟糟的，而且衣柜里也一团糟糕。麦子不想洗衣服，因而间隔很长时间才会换洗。

有段时间，麦子除了上课，整天蒙头大睡，简直成为懒人代表。有一次，同宿舍的一个同学简单说了她几句，她就大发脾气。在同学们的强烈建议下，寝室长终于忍耐不住，好心好意提醒麦子：“麦子，宿舍就是咱们的家，每个人都要为维护宿舍的干净清洁努力。你能不能抽空收拾下你的床铺和衣柜呢？这样看着干净清爽的生活环境，你的心情也会变好的。”在寝室长苦口婆心的劝说和帮助下，麦子终于把床铺收拾好，也把衣柜收拾得整整齐齐。看着焕然一新的床铺和衣柜，她惊喜地对寝室长说：“寝室长，原来你说的是对的呀，我的心情真的变好了，而且夜里还睡得很香呢！”

假如继续懒惰下去，麦子只怕除了发脾气，任何事情都做不好。幸好寝室长耐心地劝说和引导她，而且还不怕劳累地帮助她，最终才让她意识到干净整洁的寝室环境，能够给每个人都带来良好的生活环境和氛围。

朋友们，你们在生活中是否有懒惰的毛病呢？其实，很多细心的朋友都会发现，在心情烦躁或者感到脑海中如同一团乱麻时，假如能够认真收拾自己的卧室，或者是整理自己的办公桌、衣柜等，就能够整理好自己的思绪，让自己神智清明。此外，生活与工作的环境好了，我们的心情也会变得秩序井然。因此，我们理应变得勤快起来，让自己的周围和内心都变得井井有条。

情绪启示

1．懒人既然什么都不想做，理所当然最愿意发脾气，因为发脾气轻而易举，而且根本不需要花费什么时间和精力。所以要想改变懒人的坏脾气，就要先让他们动起来，变得勤快。

2．朋友们，假如你们也很懒惰，一定要尽快克服懒惰的坏毛病，这样才能享受精彩的生活。

3．每个人都想拥有好脾气，从现在开始，让自己动起来吧，这样才能让生

活变得多姿多彩，幸福快乐。

靓丽时装，给你好心情

作为著名的时装设计师，夏奈尔曾经说，一个人唯有穿着得无懈可击，才能让人们更多地留意他自身；假如一个人穿着邋遢，那么人们只会注意到他的着装。从这句话我们不难看出，着装对人的影响是很深远的。

尽管我们常说不要以貌取人，更不要以衣着取人，但是社会是现实的，尤其是在人际关系中，当人们在接触一个人的时候，难以避免地会注意到对方的衣着打扮，从而对其形成初步印象。我们都很清楚第一印象的重要作用，因而很多大学毕业生在找工作时，不但为自己制作精美的简历，而且还会购买高档时装，打造自己的职业形象。尽管这并不能改变一个人的能力和实力，但是能给其第一印象加分，从而使他人刮目相看。

从自身的角度而言，我们也更愿意看到镜子里光鲜亮丽的自己。试想，在你面对镜子时，你是愿意看到一个邋里邋遢的黄脸婆，还是愿意看到一个神采奕奕的美女呢？毋庸置疑，每个人都有爱美之心，更别说是招聘者了。因此，作为现代的职场人士，我们必须非常注重自身形象。有很多行业，为了打造良好的职业形象，会要求男士必须西装革履，女士必须化淡妆。

着装，如果从大的方面来说，就是自爱。一个人如果把自己当成破罐子去摔，甚至没有心情打扮自己，那么他必然对自己万念俱灰，彻底放弃。尤其是作为女性，哪怕成为全职家庭妇女，也一定不要放弃对靓丽时装的追求。细心的朋友们会发现，着装绝不仅仅是穿给别人看的，更能够提升我们的信心，让我们满怀自信。

很多职场上的女性朋友，在感到压力太大，或者身心俱疲的时候，往往会选择逛商场血拼，为自己购买大量的靓丽时装，从而改变自己的心情。还有些女孩在失恋之后，也会选择好好打扮自己，把自己打扮得漂漂亮亮的，与失败的恋情说再见。不得不说，这是一种强势的姿态，也是一种不服输的表现。也许她们在还未分手的前一天，还围着围裙在厨房里为男朋友做饭，转眼之间，就已经变成光鲜亮丽的女孩，独自享受生活的快乐。

小敏失恋了，但是她并没有失去志气。虽然亲眼看到男朋友与另一个女孩在一起，但是她丝毫没有自怨自艾，而是买了一件自己心仪已久的连衣裙，还去做了头发，转眼之间就成为现代职业女性，开始了自己崭新的人生。的确，自怨自艾并不能改变任何事情，不管我们曾经的男朋友多么优秀，一旦他离开我们，我们就要以更加昂然的姿态活着，活出属于自己的精彩。

当然，服饰搭配并非是那么简单的，需要极高的审美以及对色彩的敏感，才能穿出自己的独特风采，也才能拥有自己的不同风格。诸如，我们不能因为一件时装美丽就选择它，所谓合适的才是最好的，我们应该选择最适合自己的时装，使时装成为我们的加分项。毋庸置疑，如果穿衣搭配不当，时装很容易就会成为我们的减分项。所以朋友们，我们应该提升自己的审美能力和水平，从而让自己在靓丽时装的衬托下变得更加美丽动人。

情绪启示

1. 尽管我们坚持不以貌取人，不以衣着服饰取人，但是我们还是应该注重时装的美丽搭配，从而穿出美丽，穿出好心情。

2. 当你的外表光鲜亮丽，你的心情也会变得好起来。

3. 服饰搭配能够调节情绪，使我们拥有好心情。既悦人，又悦己，聪明的朋友们，何乐而不为呢？

参考文献

[1]曹译夫.脾气没了，便是晴天[M].北京：中国纺织出版社，2015.

[2]（美）肯·林德纳.当时忍住就好了[M].钱峰译.北京：中国友谊出版公司，2013.

[3]武庆新.想开了就是天堂[M].北京：北京工业大学出版社，2012.